Young Keun Oh

TOKYO
TOKYO SCAPE

풍/경/예/감

Spacetime

Young Keun Oh

TOKYO

TOKYO SCAPE

풍/경/예/감

Spacetime

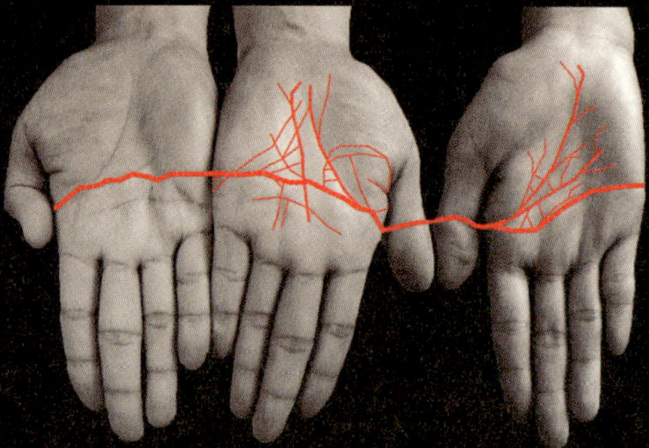

손안에 있는 선처럼 도시공간도 거리속에서 과거와 현재 그리고 미래를 볼 수 있다.

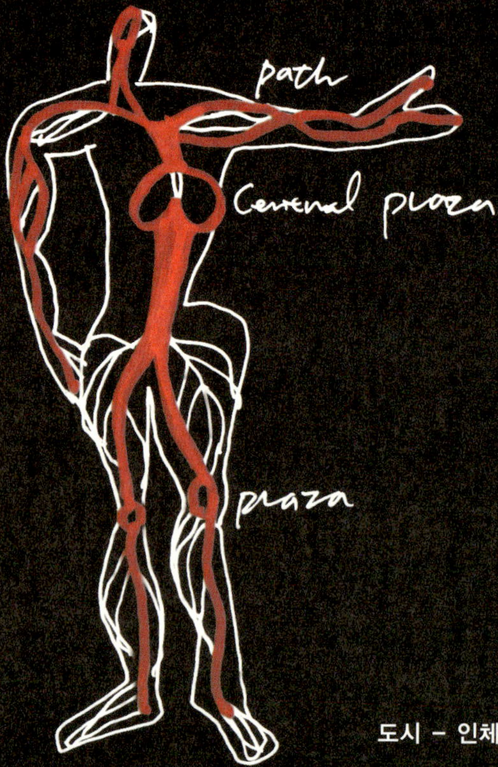

도시 - 인체

고대 로마시대 도시를 건설할 때 사람과 마차가 통행하는 거리가 생기고 거기에는 반드시 **포름**이라는 **광장**과 **아고라**라는 **시장**이 건설되었다. 포름의 규모는 성인남자가 목소리를 높여 메시지전달이 가능한 크기로 만들어졌다. 이러한 자연스런 원칙은 오랫동안 도시가 생겨날 때 기념비적인 대규모 광장을 제외하고 사람들이 서로 표정을 확인하고 따뜻한 온기를 주고 받는 작은 규모의 광장이 만들어졌다. 우리의 동네 어귀의 장터나 마당 같은 개념이다.

브링크만Brinckmann, 1912은 도시-인체에 대해, 도시와 도시의 요소와의 관계는 사람의 몸과 팔다리의 관계로 **거리는 혈관이며, 관절은 광장이고, 심장은 중앙광장**이라고 비유하였다. 도시의 공간은 거리를 따라 선 건축물의 나열이 아니라, 기억, 행위, 의식, 경험, 만남, 환상, 영감의 공간이다.

도시공간의 주인은 사람이다. 거리와 광장은 사람들에게 무대를 제공하고 사람들은 고독과 행복을 연기하는 배우가 된다.

When people were constructing the city during the Roman time period, accessibility of people and wagon was a must. They also always had to construct 'Forum', a place where adult males were able to send their messages and 'Agora' during that time period. Whenever a new city or a town was erecting, Agora or Forum was a necessity for the people to share their ideas and creating warm atmosphere for the locals. The forum or the Agora was like an open market place and/or open town hall in our culture, Korea where people were able to express themselves freely.

Brinckmann was compared between a city and a human body in relations to city elements to human body parts. i.e. The distance of the streets is like a vein, a joint is like a square, and the heart is like the central plaza.

The space of city is not just for the arrangement of architectural structures on the street, but is an inspiration of space which translates into memory, behavior, ceremony, experience, meeting, and fantasy. The owner of city space is people. Street and plaza provide the stage for people, and they become actors to play their solitude and happiness.

풍경 Scape

풍경은 중세 네덜란드어 "Landscape"에서 유래되었으며, 여기서 "-scape"는 한자의 '관(觀)'과 같이 인간의 마음속에서 자연의 표상을 읽을 수 있는 '눈'이라고 할 수 있다.

동경은 세계에서 가장 크고 생기 넘치는 도시 중 하나이다. 전통과 현대가 조화되고, 빛과 그림자의 사이를 볼 수 있으며, 자연과 인공이 공존하고, 복잡함과 간결함이 교차하는 공간, 인간이 살아가는 도시풍경을 찾아 여행을 시작하고자 한다.

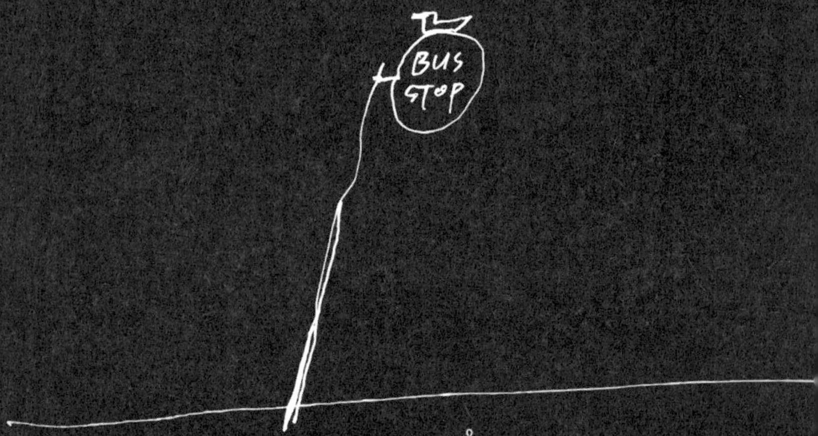

The meaning of Landscape originates from the Dutch language 'landscape' during the Middle Age. The word '-scape' has the same meaning as the Chinese character 'Ghwan (觀)' which means people' s 'eye' for reading nature' s emblem through human spirit.

Tokyo is one of the largest and liveliest city in the world. The city of Tokyo matches traditional and modern time, space between light and shadow, and nature and human skill. Tokyo also intersects complexity and conciseness. I am trying to start a journey for following the city landscape where people are living in.

TOKYO MAP

N
2 SHIBUY
Nakameguro
Daikanyama
Ebisu
JR Ebisu
JR Yamanote Line
Meguro
JR Priory Meguro
Hibiya Line
Musashikoyama
Fudomae
Tokyu Ikegami Line
Togoshi
Togoshikoen
Express Way
National Park
for Nature Study
시나가와구
Oskai-Hirokoji
Gotanda
JR Gotanda
Hiroo
Shirokanedai
Arisugawa
Memorial Park
3 롯본기
ROPPON
JR Tokaido Shinkansen Line
JR Osaki
Takanawadai
JR Yamate Line
Roppongi
미나토구
Shirokane-Takanawa
JR Tokaido Line
Azabu-Juban
Sengakuji
JR Shinagawa
JR Keihin-Tohoku Yamate Line
JR Yokosuka Line
JR Shinkansen Line
Shin-Banba
Keihin Kyuko Line
Shinagawa Seaside
Tennoz Isle
JR Tamachi
Shiba Park
Mita
Shibakoen
Daimon
Shibaura-Futo
Shiba Rikyu Garden
JR Hamamatsucho
6
Rainbow Bridge
Rinkai Line
시나가와구
미나토구
주오구
Daiba
Funeno
Kagakukan
Odaiba-Kaihin
Koen
Tokyo-Teleport
Telecom-Center
Aomi
KoKusai Tenjijo
Ariake
도요스
Shinonome
고토구

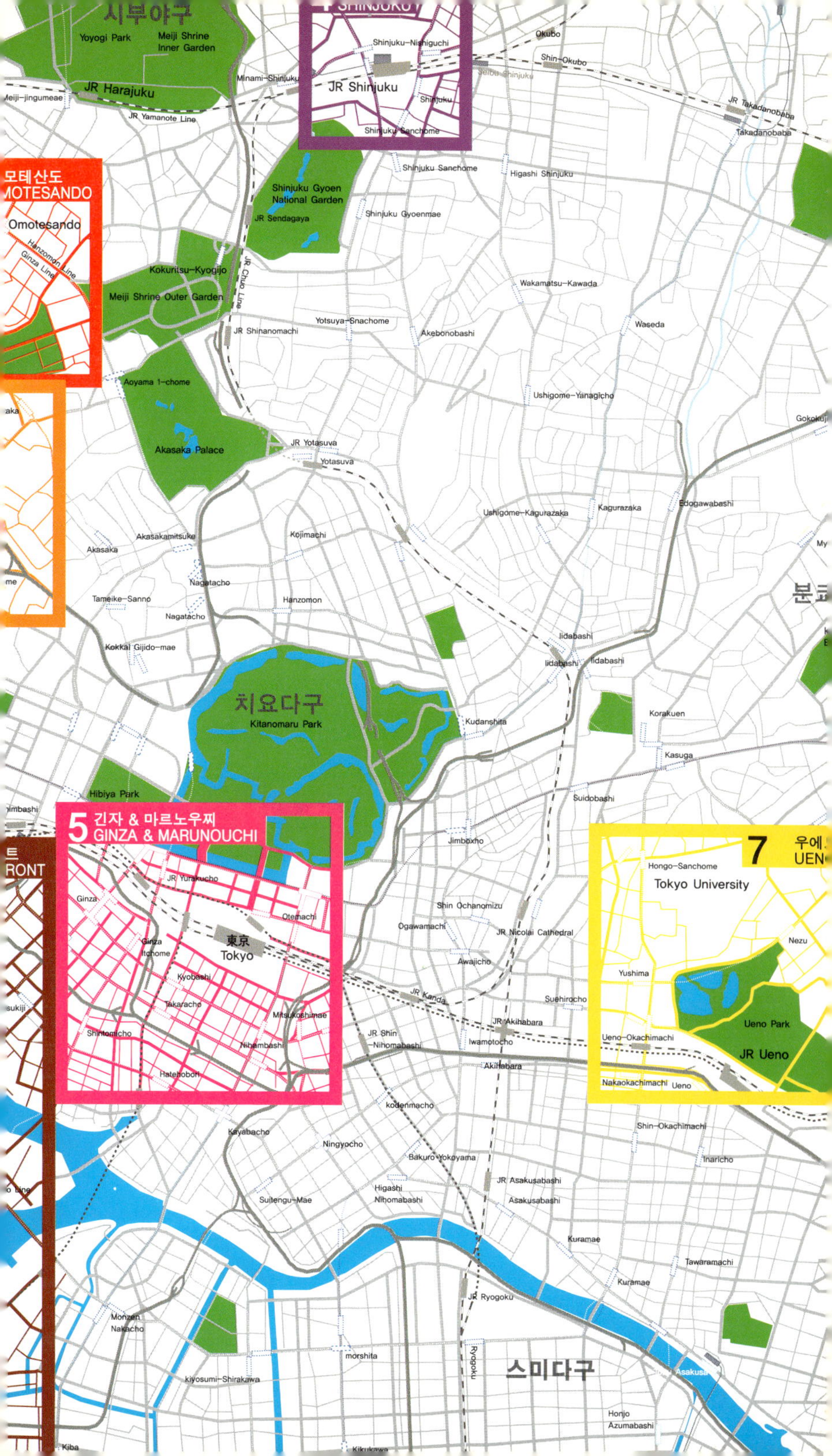

시부야구
Yoyogi Park
Meiji Shrine Inner Garden
JR Harajuku
Meiji-jingumeae
JR Yamanote Line
Minami-Shinjuku
1 SHINJUKU
Shinjuku-Nishiguchi
JR Shinjuku
Shinjuku
Shinjuku Sanchome
Okubo
Shin-Okubo
Seibu Shinjuku
JR Takadanobaba
Takadanobaba
모테산도
MOTESANDO
Omotesando
Hanzomon Line
Ginza Line
Shinjuku Sanchome
Higashi Shinjuku
Shinjuku Gyoen National Garden
JR Sendagaya
Shinjuku Gyoenmae
Kokuritsu-Kyogijo
JR Chuo Line
Meiji Shrine Outer Garden
Wakamatsu-Kawada
Yotsuya-Snachome
Akebonobashi
Waseda
JR Shinanomachi
Aoyama 1-chome
Ushigome-Yanagicho
Akasaka Palace
JR Yotsuya
Yotsuya
Gokokuji
Edogawabashi
Kagurazaka
Ushigome-Kagurazaka
Akasakamitsuke
Kojimachi
Akasaka
Nagatacho
Tameike-Sanno
Hanzomon
Nagatacho
분
Iidabashi
Kokkai Gijido-mae
Iidabashi
Iidabashi
치요다구
Kitanomaru Park
Kudanshita
Korakuen
Kasuga
Hibiya Park
Suidobashi
5 긴자 & 마르노우찌
GINZA & MARUNOUCHI
Jimbocho
7 우에
UEN
RONT
JR Yurakucho
Hongo-Sanchome
Tokyo University
Ginza
Otemachi
Shin Ochanomizu
東京
Tokyo
Ginza Itchome
Ogawamachi
JR Nicolai Cathedral
Nezu
Awajicho
Yushima
Kyobashi
JR Kanda
Suehirocho
Takaracho
Mitsukoshimae
JR Akihabara
Ueno Park
Shintomicho
JR Shin-Nihomabashi
Iwamotocho
Ueno-Okachimachi
Nihombashi
JR Ueno
Akihabara
Hatchobori
Nakaokachimachi
Ueno
kodenmacho
Kayabacho
Shin-Okachimachi
Ningyocho
Bakuro-Yokoyama
Inaricho
JR Asakusabashi
Higashi Nihomabashi
Suitengu-Mae
Asakusabashi
Kuramae
Tawaramachi
Kuramae
JR Ryogoku
Monzen Nakacho
morshita
Ryogoku
스미다구
Asakusa
kiyosumi-Shirakawa
Honjo Azumabashi
Kiba
Kikukawa

Turkish Emabassy and Chancellery in Japan
Jingumae
FACE
Bape Kids
4th
1 소호스 오모테산도 Soho's Omtesando
BEAMS T Harajuku
Archtect's Own House
Embassy of Brasil in T
2 라포레 하라주쿠 Laforet Harajuku
NTT 28
3 T'S harajuku(GAP)
하라주쿠역 광장
6 에스키스 오모테산도 Esquisse Omotesando
29 와타리움 Watarium
27 GSH
30 언더커버 랩 UNDERCOVER LAB
26 바이소우인 Baisouin Te
8 디올 오모테산도 Dior Omotesando
Meijijingumae
10 일본 간호협회_Japaness Nurse Association
7 오모테산도 힐즈_Omotesando Hills
12 루이뷔통 오모테산도_Louis Vuitton Omotesa
GYRE 5
13 토즈 오모테산도_Tod's Omotesando
15 원 오모테산도_One Omotesando
4 아이스버그 Iceberg
17 FURLA
25 R-MINAMI Aoyama
11 hhstyle.com
LP House
Omotesando
18 LUNA-DI-MILE Omotesando
9 hhstyle.com/casa
LP House II
Hanae Mori
오모테산도역 광장
Jingumae Projec
Baby Aoyama
31 네일 마렛 NEIL BARRETT
팔라시오 타워 Palacio Tower 14
Minami-ao
METROCA
HOLON L/R 16
Pierre Herme
스파이럴 빌딩_Spial Bldg 19
SIA AOYAMA BULDING
21 프라다 아오야마 Prada Aoyama
꼬모데 가르송 Comme des Garcons 20
22 벨록스 미유끼 Veloqx Miyuki
United Nations University Phase 2
23 From 1st
24 꼴레지오네_Collezione
Shibuya
Expressway No. 3

1 Tokyo

OMOTESANDO
오모테산도

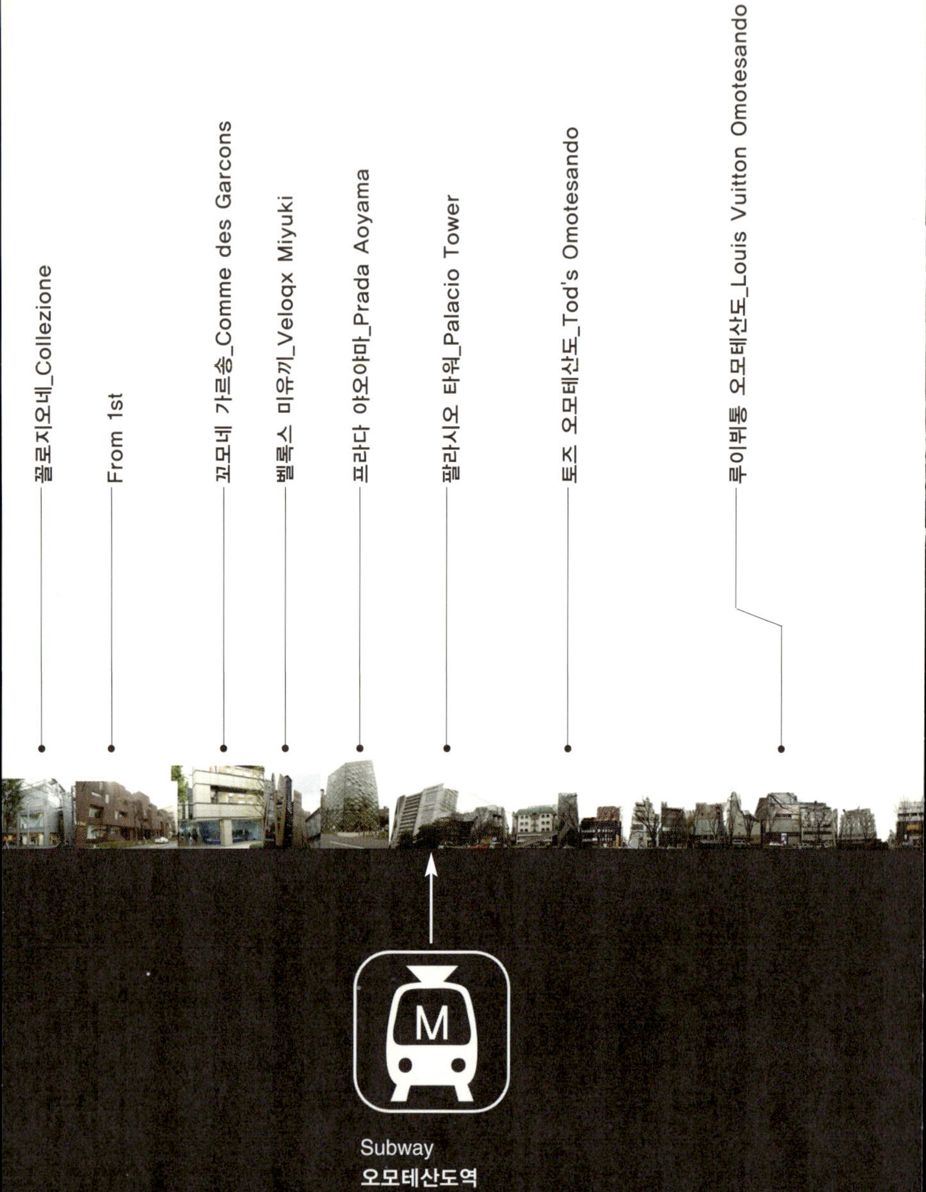
꼴로지오네_Collezione
From 1st
꼼모네 가르송_Comme des Garcons
벨룩스 미유끼_Veloqx Miyuki
프라다 아오야마_Prada Aoyama
팔라시오 타워_Palacio Tower
토즈 오모테산도_Tod's Omotesando
루이뷔통 오모테산도_Louis Vuitton Omotesando
M
Subway
오모테산도역

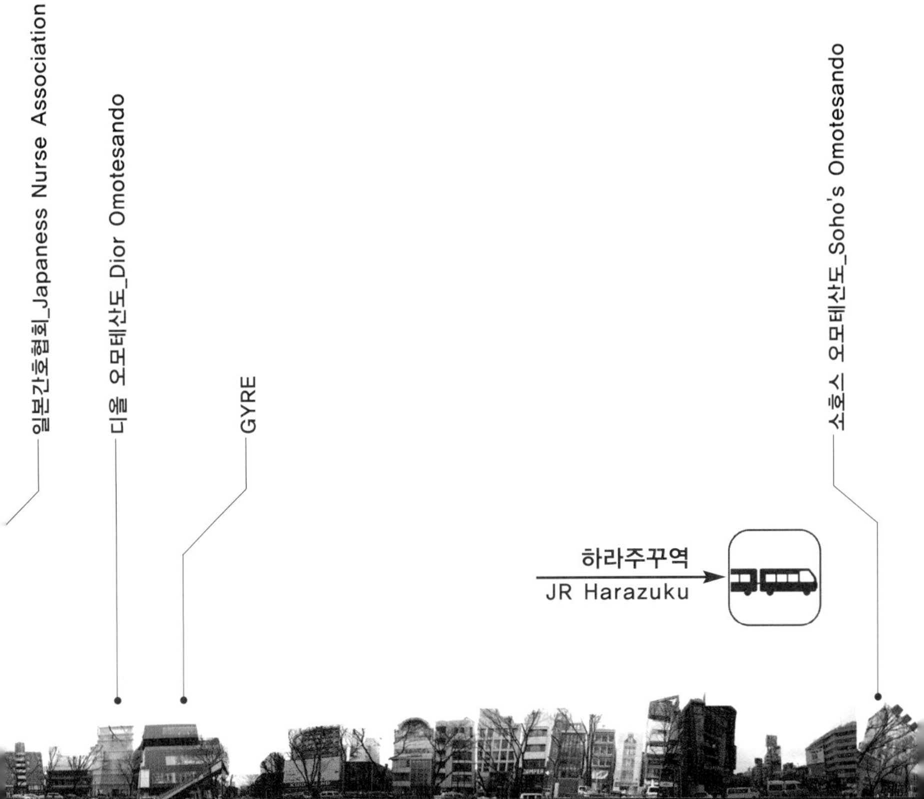

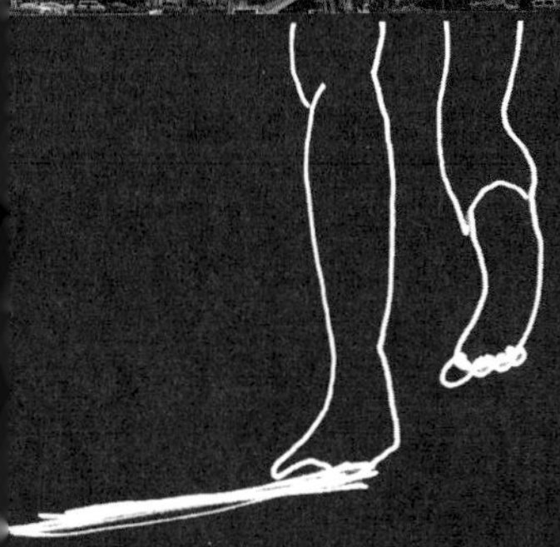

오모테산도 거리풍경

하라주꾸역에서 북서쪽 오모테산도역까지의
거리를 걸어보자

하라주꾸 광장
HARAJUKU SQUARE

하라주꾸역(原宿)은 1920년 영국에서 건축가를 초빙해서 지은 아주 오래된 목조건축물이다. 이곳을 나오면 일본의 다양한 사람들을 만나게 된다. 그 중 코스튬플레이(코스프레)라는 일본 만화에 나오는 복장을 입은 다양한 사람들과 이들 사이에서 정말 개성이 넘치는 머리와 패션스타일을 한 사람들을 볼 수 있다. 왼편을 보면 또 다른 길에 수많은 젊은이들이 북적인다. 다케시타도리라는 패션과 브랜드의 거리로 값싸면서 자신만의 패션을 추구하는 물건을 구비하려는 젊은이들로 늘 활기가 넘친다.

01
Soho's Omotesando
소호스 오모테산도
Yuji Hirata

02
Laforet Harajuku
라포레 하라주꾸
Klein Dytham Architecture

V28, 하라주꾸의 오모테산도거리에 해가지면 대부분의 건물이 간판으로 불빛을 밝히지만, 이 건물 만큼은 독특하게 노란색에서 오렌지 빛으로, 다시 연두색과 파란색으로 건물의 색이 변화되는 LED의 이미지로 그 독특함을 표현한다. 내부에는 휘트니스센터, 레스토랑 등이 있으며, 4층과 꼭대기 층에는 소호가 자리잡고 있다. 소호의 밖에 있는 테라스에서 동경시내의 야경을 즐기는 멋이 좋다.

길을 거닐다 우연히 숲을 만난다면?
조금 아래로 걷다 보면 영국출신의 마크 다이섬Mark Dytham과 아스트리드 클라인Astrid Klein의 건축설계사무소 클라인다이섬 아키텍춰Klein Dytham Architecture가 디자인한 나무모양의 철재오브제를 만난다. 이 오브제 뒤에는 하라주꾸의 유행을 선도하는 유명브랜드 약 150개가 6층 높이의 공간에 들어서 있다.
나무오브제는 쇼윈도와 디

스플레이 기능을 하는 생물형태로서의 상상적 기법인 바이오모픽을 통한 디자인이다.

03
T's harajuku(GAP)
T's 하라주꾸(GAP)
Takenaka Crop

라포레 하라주꾸건너편에 보면 투명과 반투명, 흰색의 불투명의 재료들로 기하학적 상자모양으로 만든 모던스타일의 GAP을 볼 수 있다.

04
Iceberg
아이스버그
Creative Designers International

비정형, 건물 외벽이 마치 얼음이 흘러내린 빙벽과 같은 이미지가 풍겨난다. 빙벽을 타고 오르는 투명의 엘리베이터를 타고 1, 2층의 자동차 전시장을 지나 꼭대기 층에 오르면 전체 층이 미용실로써 엘리베이터를 내리는 사람에게 모든 시선이 따갑도록 꽂힌다.

05
GYRE
MVRDV

MoMA Design Store

매스는 여러 가지의 요구를 공간으로 반영한 유기적인 생명체의 움직임의 이미지를 나타내는 반 기하학적 형태로 되었으며, 재료마저도 마치 종이를 구겨놓은 듯한 이미지로 마감되었다. 1, 2층은 BVLGARI, 3층은 갤러리와 동경 MoMA가 있다. 규모면에서 뉴욕 MoMA보다는 못하지만 다양한 디자인을 보기 위해 한번 가보면 좋을 듯.

06
Esquisse motesando
에스키스 오모테산도
K&S PLANNING

프랑스어로 에스키스Esquisse는 스케치, **데생**을 의미한다.

07
Omotesando Hills
오모테산도 힐즈
Ando Tadao

정말 언덕위에 길게 늘어선 독특한 건축물을 만날 수 있다. 금방 봐도 노출콘크리트의 솔직함을 강조한 안도 다다오Ando Tadao의 작품이라는 것이 눈에 묻어난다. 내부를 들어가 보면 또 다른 거리풍경이 펼쳐진다. 램프를 따라 끊임없이 이어지는 거리 모습과 그 주위에 명품 가게들이 줄지어 늘어서 있다. 경사진 램프를 따라 움직이는 사람들의 시선을 흐르게하는 독특한 발상은 프랭크로이드 라이트의 뉴욕 구겐하임미술관이 그 모태이지만 **'공간 속 거리'** 라는 컨셉은 우리에게 색다른 즐거움을 준다.

08

Dior Omotesando

디올 오모테산도

Kazuyo Sejima + Ryue ishizawa

외부 매스는 다 비워져있는 듯하다. 아니 공중에 부양된 듯 가볍다. 저녁에 다시 보면 오직 조명으로 된 수평의 바닥과 천장 면만이 단층처럼 쌓아져 보인다. 좀 미시적 Microscape으로 자세히 그리고 가까이 보자. 두 겹의 복층유리 사이에 반투명 커텐이 신비함을 불러일으킨다. 정말 단순한 것이 아름다운 것이라는 생각이 든다.

09
hhstyle.com /casa
Ando Tadao

이 건축물은 처음 기획단계 부터 언제든지 쉽게 분리, 해체할 수 있도록 고려되었다. 건축가 안도 다다오Ando Tadao는 이런 건축적 요구를 컨셉에 반영해, **종이접기**라는 독특한 매스디자인을 생각했으며, 실제 건축물 입구와 지붕, 입면 등에서 삼각형의 모듈이 반복적으로 이루어진 검은 철판을 사용하였다.

10
Japaness Nurse Association
일본간호협회빌딩
Kurokawa Kisho

'메타볼리즘Metabolism' 번역하자면 '신진대사'라는 생물학적 이론을 건축 디자인과 기술에 접목해 지속가능한 건축의 프로토타입을 추구했던 건축가 구로카와 기쇼Kurokawa Kisho의 작품이다. 도시와의 공생을 위해 입구와 뒤편의 자연환경이 서로 통해져 있으며, 그의 디자인 심볼인 유리 깔대기를 통해 건물에 들어갈 수 있다.

11
hhstyle.com
Kazuyo Sejima

전면은 모두 유리로 계획하여 밖에서 내부가 훤히 드려다 보인다. 내부에는 1층과 2층을 따라 경사진 램프를 통해 아르마니 카사Armani Casa, 독일 비트라, 이탈리아 카펠리니Capellini, 미국 허먼밀러Hermanmiller, 오스트리아 비트만Wittmann, 주방가구 보피Boffi 등 세계적으로 유명한 가구브랜드와 인테리어 소품이 전시되어 있다. 전 세계에서 최근 출시한 디자인제품과 수많은 디자이너의 작품을 이렇게 한 곳에서 감상하기란 정말 어려운 일이다. 세지마Sejima는 기존의 제품을 일반적으로 나열하는 방식을 탈피해, 고객이 보다 안락하고 다양한 체험을 통해 브랜드를 인지할 수 있는 일종의 **감성마케팅**기법으로 디자인을 했다.

Cone Chair
Designer_Verner Panton

Globe
Designer_Eero Aarnio

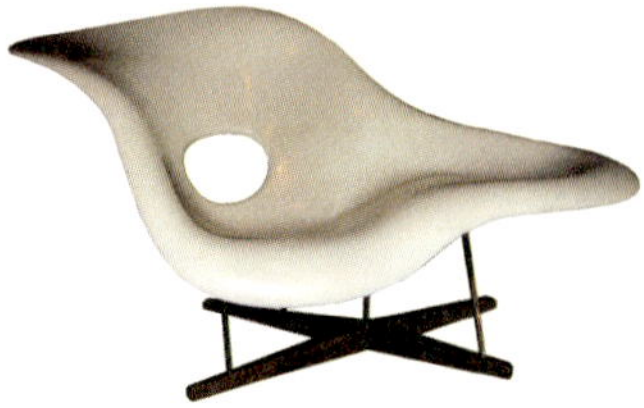

LaChaise
Designer_Charles & Ray Eames

Swan
Designer_Arne Jacobson

Tom Vac
Designer_
Ron Arad

Ant
Designer_Arne
Jacobson

Egg
Designer_Arne Jacobson

Proust's Armchair
Designer_Alessandro Mendini

Marshmallow
Designer_George Nelson

Red/Blue Chair
Designer_Gerrit Rietveld

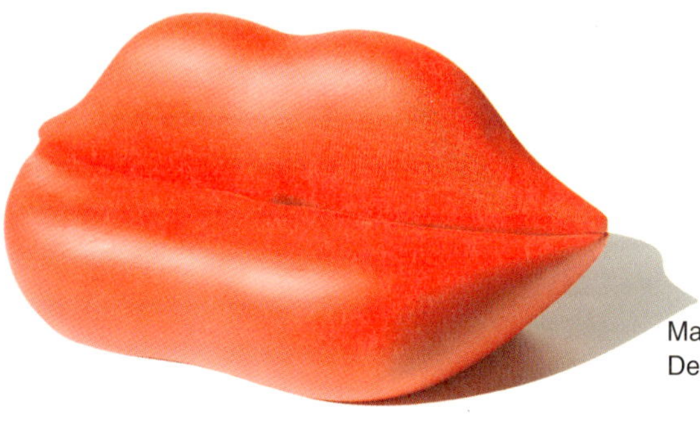

Marilyn
Designer_Studio 69

12
Louis Vuitton Omotesando
루이뷔통 오모테산도

Jun Aoki

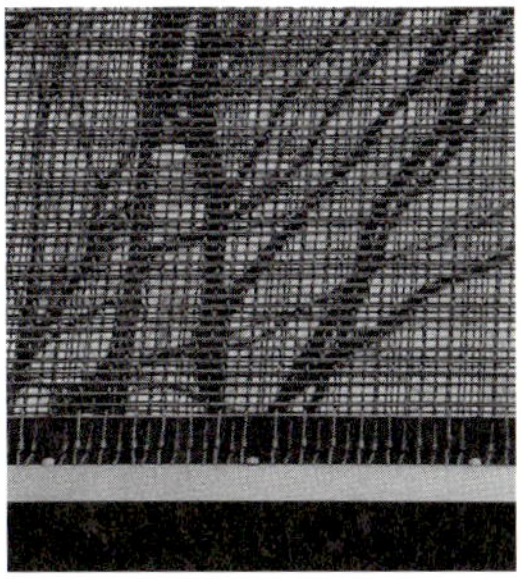

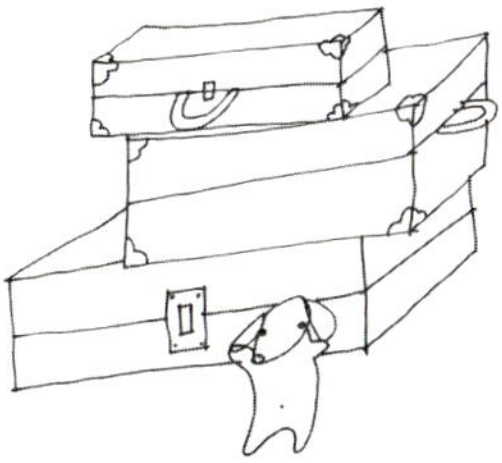

건축물은 루이뷔통이 가지고 있는 전통적 트랜드인 트렁크 쌓기 형태에서 출발한다.

디자이너 준 아오키Jun Aoki는 자신의 디자인철학으로 Atmospherics을 주장한다. 이 언어는 그에게서 '어떤 보이지 않는 영역'을 의미하며, 마치 정전기가 공기 중에서 자기만의 영역을 형성하는 것처럼 건축에서 공기의 색을 만들어 그 공간을 형성하는 비례, 스케일, 재료 들이 반복되고 조합되어 전체를 유기적인 모습으로 만들어 나가는 것이다.

13
Tod's Omotesando
토즈 오모테산도

Toyo Ito

이탈리아 구두, 백Bag의 유명한 브랜드 Tod's 의 매장이다.

건축물의 외관은 가로수의 느티나무를 연장한 이미지에서 출발한다. 나무를 자연의 상징이며 대상으로 놓고 이를 패턴과 구조, 빛과 그림자, 열림과 닫힘의 구조적 순환체계로 만들어 간다. 대자연이 지닌 흐름을 건물 내, 외부로 끌어들여 경계가 흐려지는 건축을 이야기 한다. 가로에 줄지어 서있는 나무들의 연장선에서 이 건축은 추상화된 나무를 표현하고 있다.

14
Palacio Tower
팔라시오 타워

Ricardo Bofill

흰색 대리석과 **신고전주의적** 건축양식. 나무를 상징하는 비틀린 사각 기둥조형물을 통해 도심의 궁전을 상징적으로 표현하고 있다.

15
One Omotesando
원 오모테산도

Kengo Kuma

과거 울창한 나무숲의 모습을 지금도 깊은 기억하고 있다. 중력방향으로 곧게 하늘로 뻗은 느티나무 가로수의 모습과 문화, 역사 등 이곳을 거닐었고 생활했던 사람들의 **기억**이 건축언어로 표현된다.

16
Holon L/R

Norihiko Dan and Associates

순 백색의 두개의 매스가 놓여있고, 그 사이 작은 길을 따라 뒤에 또 다른 흰색의 매스가 대지위에 아주 가볍게 놓여있다. 내부를 훤히 볼 수 있는 투명성과 하늘을 떠다니는 것 같은 무중력이 느껴진다.

[오모테산도 광장 OMOTESNADO SQUARE]

건너편 작은 옷 가게의 신선한 발상

길 건너 사람들이 쇼윈도에 리시버를 꽂고 무언가 열심히 즐거워하는 모습이 보인다. 쇼윈도 내부에 옷에 관한 정보가 밖에서도 보고, 들을 수 있도록 되어있다. 물론 다양한 음악 서비스는 무료이지요? **유목적 사고인 노마드**nomad 실험 중

풍경 예감

풍경예감의 뜻은 다가올 '미래에 대한 감각'과 '예술을 볼 수 있는 감각' 이 두 개를 다 포함한 의미라고 할 수 있습니다.

그런 예감을 모두 마음속에 품고 지금부터 함께 떠나볼까 합니다. 내가 여러분들의 여행의 꿈을 실현시켜 드리기 위해 도와 드리겠습니다. 가장 먼저 지도를 만들어 봅시다. 지도를 만드는 것은 간단합니다. 인포메이션 센터에서 무료로 주는 지도를 반드시 구해(사전에 인터넷 같은 정보를 찾아 본인자신이 만드는 것이 최선이지만.....) 갈 곳과 즐길 곳, 머무를 곳을 순서대로 표기해 둡니다.

여행에 관한 책자(예를 들어 미국의 AAA)와 같은 여행전문기관의 정보 또는 인터넷에 올린 정보들을 참고 하는 게 좋습니다. 또한 그곳에 목표까지의 거리와 이동수단, 목적지에서 볼 것, 기록이나 사진촬영 등을 간단히 적어 둡니다.

물론 맛있게 먹을 유명식당, 유명한 음식이 있는지 확인해 두는 것도 필수!!!

그림일기장 만들기

교수님들과의 회의는 언제나 자유하고 엄격하다.

나만의, 나를 위한,
나를 위한 여행을 위해서 그림일기를 쓰는 것이 가장 좋은데... 글쎄 내가 전문가나 예술가도 아닌데 될 수 있을까요? 될 수 있습니다. 저도 처음에는 누가 볼까봐 몰래 숨어서 그리고 기록했는데 그때는 영 이상하고 마음에 들지 않더라도 여행 후 집에서 혼자서 보는 것만으로도 뿌듯함과 보물이 되는 것을 알게 됩니다. 그림을 그리거나 글을 쓰다가 틀리는 경우에도 찢어버리지 말고 다음 장으로 넘겨 다시 그려봅니다.

일본 패션업계에서 세계적 디자이너로 유명해졌다. 최근 미드타운에 21_21 실험실에서 창의적인 기획들을 모색하고 있다.

손에 들어갈 만한 작은 스케치북과 펜이 있으면 좋겠고 약간의 색연필도 함께 준비하면 생생하고 현장감 있는 기록이 될 수 있습니다. 나와 같은 경우에는 그 장소에서 간단한 스케치를 하고 사진을 찍은 후 돌아와서 수채화 물감으로 마무리하는데 이 방법도 꽤 괜찮은 것 같습니다.

자세하게 기록하기

나 원 참 기가 막혀서!!! 여행을 다녀와서 한 일주일 정도 지나면 여행 때 있었던 사건들(여권, 지갑 잊어버린 일, 비싸게 바가지 쓰고 물건 산 일, 음식 먹고 배탈 난 일 등등) 빼고는 도대체 어디를 갔다왔는지 가물가물... 나중에 누가 어디 다녀왔냐고 물어라도 본다면, 이상하게 머릿속에서 생각이 잘 안 나게 되지요?

보통은 사진기를 믿는 경우도 있습니다.
사진을 잘 찍어둔다고 하더라도 정리해두지 않으면 그것도 무용지물이 될 가능성이 높습니다.

17
Furla
후루라
Chihara Sugi + Manami Takahashi

기능과 단순함만을 강조하는 모더니즘과 달리 일본도시맥락의 특성을 표현하고 있다. **맥락**은 의미를 모아서 장소와 결합하면서 물리적, 기능적 요구를 넘는다.

18
Luna-Di-Miele Omotesando
Waro Kishi

무거움과 큰 매스의 불투명, 중간정도의 무게와 매스 그리고 반투명, 작은 매스와 투명이 반 중력적으로 **파편화**되어 의미를 나타낸다.

19
Spiral Bldg
스파이럴 빌딩
Fumihiko Maki

일본 **전통건축의 형상**과 마음속의 **인간의 모습**을 드러내는 것이 마키Maki의 건축 철학이다. 이 작품도 도시 이미지를 단편화, 분절화시켜 순수한 기하학적 형태로 구성했다. 공간은 내부의 진입을 따라 연속적으로 청각(레코드 숍), 미각(레스토랑), 시각(전시장), 촉각(캐릭터 숍), 청각(아트리움)등이 감성적으로 이어진다.

20
Comme de Garcons
코무데 가르송
Future systems + Rei Kawakubo

전면의 자유 곡선을 이용한 경사진 유리벽의 역동감과 투명유리 위에 원의 반복으로 만들어진 blue color의 점으로 된 그래픽은 순수성과 **미래지향적** 패션숍의 이미지를 극대화한 디자인이다. 많은 사람들은 이들을 우주시대에 대한 향수를 떠오르게 하는 매력적 작가들이라고 한다.

21
Prada Aoyama
프라다 아오야마
Herzog & de Meuron

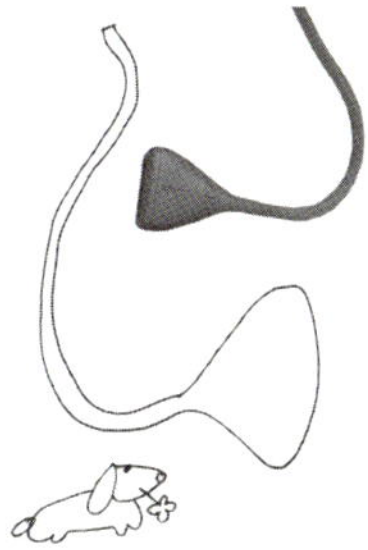

보고viewing, 보여주고showing, 보여지고looking, 전시한다exhibition라는 컨셉으로 뉴욕 프라다 이후 세계 최대의 프라다 매장이다. 건축 기본은 다이아몬드 형태의 유리로 된 수 백개의 패널이 파사드를 구성하고 있으며, 밖에서 내부를 볼 때와 내부에서 밖을 볼 때 유리의 굴절을 달리하여 독특한 시선을 연출한다. 그들은 일상적으로 익숙한 형태나 재료들을 사용하면서 추상적으로 표현하여 새로운 의미를 만드는 디자이너이다.

22
Veloqx Miyuki
벨록스 미유끼
Jun MItsu & Associates

건축의 내부는 정형화된 블록이지만, 외피의 수직재는 **탈중력 방향**으로 건물의 역동성을 극대화 한다. 아오야마의 전통적 나무의 이미지가 외피의 주된 요소로 사용되었다.

23
From 1st
Kasumasa Yamasita

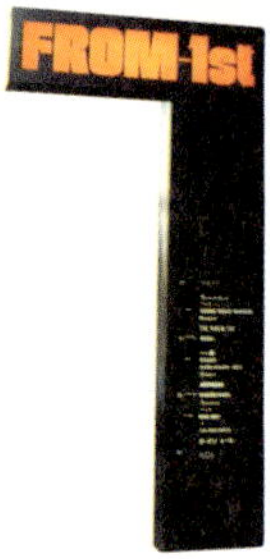

1960년대 벽돌로 된 복합건물이 들어왔을 때 많은 사람들은 그 실현성에 고개를 저었다. 왜냐하면 도시환경적 맥락에 비추어 결과에 대한 확신이 적을 수밖에 없었다. 그러나 그 대답은 성공적이었다.
외부에서 내부의 공용공간에 접근이 용이하도록 개방하고 각 층의 프라이버시를 유지시킨 공간으로서 **도시와 조화**되는 건물로 인정받게 되었다.

24
Collezione
꼴레지오네
Tadao Ando

3차원 기하학의 기술이 4차원의 시적이고 추상적인 미를 잘 드러내는 건축물이다.
원통형의 볼륨과 육면체의 볼륨이 서로 다른 각도에서 접목되어 방문객들은 지하에서 4층까지 오르내리면서 공간의 개방감과 폐쇄감을 맛보게 된다. 또 시간적으로 빛이 유입이 달라짐으로 인해 밝음과 어두움, 빛과 그림자의 조화를 느낄 수 있다.

25
R-Minami Aoyama

Akihisa Hirata + Yoshihiko Yoshihara

외부계단과 내부공간이 조화되어 전체적 공간을 구성한다. 먼저 경사를 따라 반층씩 전개되는 공간구조로 각층의 프라이버시가 완벽히 보완되는 디자인이 돋보인다. 계단을 오르면서 바라보는 자연과 하늘의 모습이 몸의 움직임과 오버랩되어 공간을 극대화하고 있다.

26
Baisouin Temple
바이소우인 사원

Kengo Kuma

이 사원은 1643년 유끼나리 아오야마를 기리기 위해 세워졌는데, 2차 세계대전 때 파괴된 후 수 차례의 재건축을 거친 후 2003년 켄고 쿠마Kengo Kuma에 의해 현재 건물로 건축되었다. 건축가는 건축의 컨셉을 중도와 추상을 표현하고 있다고 설명한다.

27
GSH

AAT+Makoto Yokomizo

작은 원 또는 큰 원들이 비정형적으로 외부와 내부를 소통시켜주고 있다. 다분히 건물은 기하학적 구조와 체계를 담는 것이라는 모더니즘에서 벗어나, 구체적이지 않은 상상과 의미를 담고 있다.

28
NTT

Kengo Kuma

이곳의 건물과 건물사이에 난 골목길을 따라 이동하는 사람들은 단순히 시각적인 체험만이 아닌 몸 전체의 체험을 통해 도시의 즐거움과 감성을 지각하게 된다. 오르고 내리는 바닥에 깔려있는 자연을 발로 밟으면서 느끼는 음악, 바람의 흔들림을 통한 촉감, 변화되는 캐노피의 패턴사이로 보이는 하늘과 자연의 변화와 안정감이 의미있는 공간을 구축하고 있다.

29
Watarium
와타리움

Mario Botta

작은 면적(30평정도)에 자투리 공간을 이용하여 도시에 조형예술로서 건축이 될 수 있다는 성공적 사례를 보여주는 건물이다. 마리오 보타Mario Botta의 수평적 기하학 패턴이 건물 파사드뿐만 아니라 비상계단에 까지 연결되어 수평적 기하학이 강렬한 도시 맥락을 나타내고 있다. 지하층은 독특한 레스토랑이 있고, 1층은 아트 샵, 2층에서 4층까지는 겔러리가 작지만 알차게 자리 잡고 있다.

30
Undercover LAB
언더커버 랩
Klein Dytham Architecture

31
Neil Barrett
네일 바렛
Zaha Hadid

오모테산도 뒷거리에 도로에서 약 10m 뒤로 극도로 긴장된 긴 사각형의 튜브를 만날 수 있다. 건물의 용도는 스튜디오, 출판사 쇼룸, 사무실로 사용되며 이런 공간을 하늘에 매달 수 있는 구조의 해결이 경이롭다. MVRDV의 보조코주택에서 사용된 극도의 긴장감이 동경에서 재현된 느낌이다.

2008년 9월에 아오야마에 또 다른 이목을 집중시킨 브틱Boutique이 오픈했다. 매장전체가 무채색으로 배경을 이루고, 중앙의 디스플레이는 흰색으로 된 2개의 해체적 매대가 비정형적으로 포개있는 듯한 반복으로 디자인되어있다. 스페인 마드리드에 있는 Hotel Puerta America에 사용된 흰색의 HI-MACS와 같이, 디자이너가 원하는 비정형의 형태를 얼마든지 자유롭게 표현할 수 있다는 것이 놀랍다.

Yoyogi Park
1 도쿄 올림픽 경기장
National Gymnasiums for Tokyo Olymp
NHK스튜디오파크
Shibuya Public Hall
buya Creston Hotel
Shibuya Tobu Hotel
라이즈
Rise 2
3 휴맥스 파빌리온 시부야
Humax Pavilion Shibuya
Tokyou Hands
우다가와조 파출소
lagawacho Police Box 4
Marui
Shibuya Metero Plaza
Seibu Dep
MUFG Bank
Shibuya Business Hotel
5 분카무라
Bunkamura
The Prime
Dogen-zaka
Center Bldg
7 네츄럴 엘립스
NATURAL ELLIPSE
Shibuya
JR Shibuya
Shibuya Excel
HotelTokyo
Tokyo Plaza
6 시부야 역
Shibuya Stati
Cerulean Tower
Cerulean Tower
Tokyo Hotel
Shibuya
힐포트 호텔
Hillport Hotel
Sakuragaoka-chō
Nanpeidai-cho
Ugnisudani-chō

2 Tokyo

SHIBUYA
시부야

자신의 직관을 믿어라

세상을 보는 눈은 모두가 각양각색입니다. 사실적인 기록을 위한 것이 아닌 만큼 자신이 보고 느낀 그대로를 감각을 이용해 그리고 기록해 봅시다.

눈으로 만지고
마음으로 보고
손으로 느끼고
코로 읽고
발로 기록하고
귀로 상상하고
입으로 사랑하고...

아침에 잠자리에서 일어나 머리맡에 둔 그림일기장을 한번 펴 봅시다. 좀 창피하다고요? 먼 훗날 다시 본다면 그때는 자신만의 소중한 보물이 됩니다.

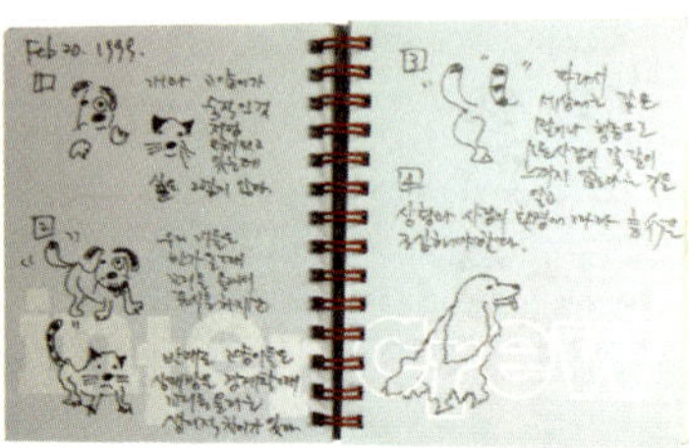

아침을 그리다

외로움에 대한 얘기가 있습니다.

외로움이란 혼자 있어서가 아니라, 나를 알아주는 사람이 없다는 데에 있다. 여행은 세상과 내가 대화하는 하나의 방법입니다. 바람소리, 어린 아이들의 재잘거림, 시장에서 손님을 부르는 상인들의 목소리, 자동차 소리, 물소리, 새소리, 두부장사 종소리...

사람들은 누구나 즐겁고, 외롭고, 기쁘고, 화나고, 기다리고, 미워하고, 후회하고, 자랑하고, 부러워하고, 두렵고, 초조하고, 초라하고, 바쁘고, 우울하고, 사랑하고, 미워하는 것을 반복하면서 살아간다. 이런 감정기복의 반복이 마치 음악의 리듬을 악보에 기록하듯, 그림일기장에 기록하는 것은 즐거운 인생이 됩니다.

오늘 여행하는 곳, 만나는 사람, 맛있는 음식 먹은 곳을 지도를 보고 기록해 봅니다. 그리고 즐거운 상상을 떠올리며 방을 나섭니다.

01
National Gymnasiums for Tokyo Olympic

Kenzo Tange

연꽃닢을 연상케 하는 완만한 곡선타원 지붕, 1964년 도쿄올림픽 때 일본적인 것을 국제주의양식으로 표현하여 많은 시선을 받았다. 메타볼리즘Metabolism 건축철학에 영향을 갖고 있는 겐조 당게Kenzo Tange의 **생명체 건축**, 살아있는 **움직임의 건축**이 녹아있다.

02
Rise
라이즈

Atsushi Kitagawara

영화관과 상점이 함께 있는 작은 복합공간이다. 이 건물을 따라 언덕 아래로 작고 특색 있는 여러 종류의 상점들이 좁은 골목을 따라 줄지어 늘어서 있다. **도시의 복잡하고 혼돈적인** 표현이 외부에서 내부공간으로 이어져, 마치 예측할 수 없는 미지의 세계로 가는 듯...

03
Humax Pavilion Shibuya

Hiroyuki Wakabayashi

시부야라는 미지의 도시에 마치 우주선이 건물사이에 착륙해 있는 모습이 독특하다. 도시건물의 다양한 표현성은 그 도시가 갖고 있는 인간생활의 **다양성**과 **막연한 동경**을 대변해서 나타낸다.

04
Udagawacho Police Box
우다가와조 파출소
Edward Suzuki

05
Bunkamura
Ishimoto Architectural & Engineering.
Jean-Michel Willmotte

동경의 파출소는 도시의 상징물로써 일찍이 유명한 디자이너에게 의뢰되어 다양한 형태의 건물로 지어져왔다. 에드워드 스즈키Edward Suzuki는 일찍이 **일본전통성**을 재료의 영적인 독특함으로 해석하여 건물에 도입하여 왔다. 이 파출소 디자인도 일본 전통 옷의 소매가 움직이는 모습을 상징화한 것으로 보인다.

건축물의 이름에서와 같이 연극, 미술, 음악, 영상 등과 같은 많은 문화공간이 복합적으로 구성된 공간이다. 사람들에게 문화에 대한 욕구충족과 상업적 **마케팅**이 접목되어 있는데, 예를 들어 미술관에서 그림이나 조각을 감상하면서 함께 찻집에서 대화하며 관계를 유지할 수 있도록 하는 일상의 흐름을 공간에 담고 있다.

06
Shibuya Station Renovation
시부야역

Ando Tadao

지하로 된 철도역 디자인에 공기의 흐름을 이용하여 기술과 융합시킨 작품이다. 중앙에 마치 커다란 '알'이 박혀있는 듯한 조형물사이로 사람들의 이동하고, 외부에서 유입된 공기가 내부의 공기와 함께 순환적이며, 자연적으로 이동하는 새로운 **공기+공간디자인**이다.

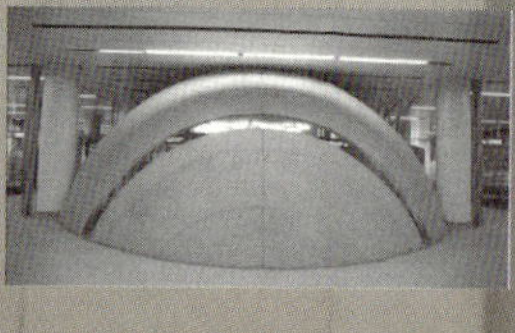

07

Natural Ellipse

네츄럴 엘립스

Masaki Endo

사람들은 길가에 커다란 번데기가 세워져 있다고 웅성거린다. 건축가는 시부야지역이 젊은 이들이 모이고 에너지가 발산되는 지역이라는 것을 염두에 두고 독특한 건물을 디자인하고 자하였다. 높이 10.8m, 지하1층 지상4층의 주거공간으로 설계되었으며, 외부의 독특한 모양은 열에 강한 FRP로 만들어졌다.

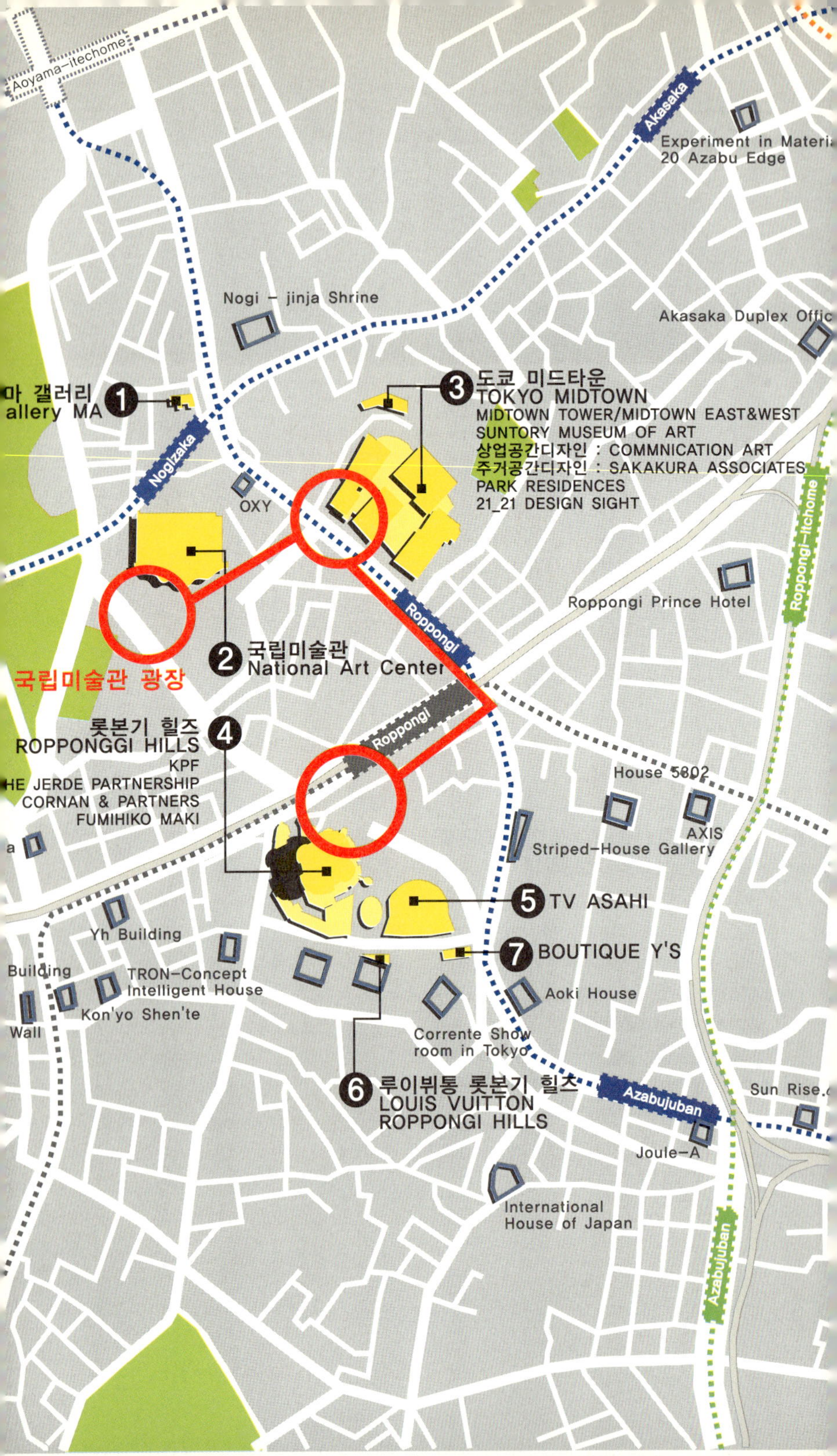

Aoyama-itechome
Akasaka
Experiment in Materi
20 Azabu Edge
Nogi - jinja Shrine
Akasaka Duplex Offic
마 갤러리
allery MA
1
3
도쿄 미드타운
TOKYO MIDTOWN
MIDTOWN TOWER/MIDTOWN EAST&WEST
SUNTORY MUSEUM OF ART
상업공간디자인 : COMMNICATION ART
주거공간디자인 : SAKAKURA ASSOCIATES
PARK RESIDENCES
21_21 DESIGN SIGHT
Nogizaka
OXY
Roppongi
Roppongi Prince Hotel
Roppongi-itchome
2
국립미술관
National Art Center
국립미술관 광장
4
롯본기 힐즈
ROPPONGGI HILLS
KPF
HE JERDE PARTNERSHIP
CORNAN & PARTNERS
FUMIHIKO MAKI
Roppongi
House 5802
AXIS
Striped-House Gallery
5
TV ASAHI
7
BOUTIQUE Y'S
Yh Building
Building
TRON-Concept
Intelligent House
Kon'yo Shen'te
Wall
Aoki House
Corrente Show
room in Tokyo
6
루이뷔통 롯본기 힐즈
LOUIS VUITTON
ROPPONGI HILLS
Azabujuban
Sun Rise
Joule-A
International
House of Japan
Azabujuban

3

Tokyo

ROPPONGI
롯본기

처음으로 맛보기

맛있는 것을 처음으로 먹는 것은 처음 오지를 찾아가는 탐험가와 같은 것입니다. 음식의 모양이 다를 뿐 아니라 먹는 환경부터가 낯설고 신기합니다. 혹시 동경의 오모테산도 거리를 가실 기회가 된다면 '오모테산도 힐' 입구에 있는 빵집에서 따뜻한 커피와 함께 거리 재미있는 사람들이 지나가는 모습을 볼 수 있는 창가에 앉아 갓 구운 빵과 함께 먹어보십시오. 정말 동경은 맛있어요.

나를 즐겁게 하기

내가 무엇을 보면 즐거운지에 대해서 반복적으로 관찰하다 보면 자신도 모르게 집중적으로 보는 대상이 생기게 됩니다. 이제 당신이 그릴 대상을 가리지 말고 수집해 봅시다.

거리에서 골목에서 가게 앞 진열대에서... 모든 것이 대상이 될 수 있습니다.

옷, 신발, 카메라, 꽃, 오토바이, 자전거, 구두, 우산, 조명등, 인형, 유리잔, 컵, 자동차, 셔츠, 가방 여러 가지가 다 대상이 될 수 있습니다.

관찰하기

여기 아주 따뜻한 빵과 커피가 있습니다. 빵 껍데기는 불에 노릇노릇하게 구어져 어떤 부분은 연하게 어떤 부분은 진하게 씌워져 손으로 살짝 만지기만 해도 온기가 나의 가슴속으로 사르르 퍼져 들어옵니다. 커피 잔에 담긴 진한 커피색은 빵의 피부색과 너무나 잘 어울리는 색입니다. 그 위로 따뜻한 온기가 두 손으로 커피 잔을 감싸 앉은 나의 피부를 타고 나의 온몸으로 퍼져나갑니다.

정신 차리기!!!

지금까지는 우뇌를 동원한 아주 감상적인 현상을 표현한 것입니다. 이제 종이와 펜을 준비하고 좌뇌를 동원하여 지금의 현상을 그려 봅시다.

01
Gallery MA
마 갤러리
Atsushi Kitagawara + ILCD

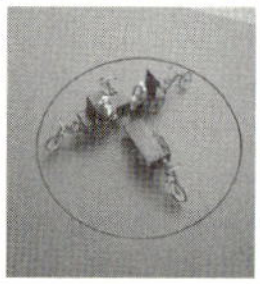

3층에 오르면 건축, 디자인에 관련된 책을 파는 전문서점이 있다. 책도 볼 수 있지만 필요한 정보를 복사할 수 있는 공간도 별도로 마련되어있다. 그리고 옥상층과 야외를 연계시켜 디자인에 관련된 유익하고 흥미진진한 전시회가 늘 열리는 공간이 있다. 지하와 1층, 2층에는 위생도기로 유명한 TOTO매장이 있어 내려오면서 함께 볼 수 있다.

02
National Art Center
국립미술관
Kurokawa Kisho

메타볼리즘 주창자인 건축가의 철학이 가장 잘 드러나는 건물이다. 과거 일본군 부대의 흔적인 벽의 일부를 그대로 세워두고, 거대한 물결모양의 유리외벽이 마치 살아 움직이듯 주변자연에 다가선다. 내부는 햇빛에 투영된 유리벽의 프레임이 그림자로 물결처럼 바닥에 흐르며 그 사이로 움직이는 사람들의 모습이 아름답다. 총 10개의 전시관이 있으며, 2개의 역 삼각뿔 형태로 된 조형물상부는 커피를 마시며, 유명한 프랑스요리를 즐기는 사람들로 늘 붐빈다.

03
Tokyo Midtown
도쿄미드타운

Midtown Tower/Midtown East & West : SOM

Suntory Museum of Art : Kengo Kuma

상업공간디자인 : Commnication Art

주거공간디자인 : Sakakura Associates

Park Residences : Jun Aoki

21_21 Design Sight : Ando Tadao

도시재생의 의미는 도시가 살아 움직이는 생명체처럼 탄생, 성장, 소멸이라는 순환기적 고리에서 생각할 수 있다. 따라서 미드타운도 과거 폐쇄의 상징이었던 방위청 부지를 개방적인 공간으로 재생시킴으로서 누구나 찾아오는 살아 움직이는 공간으로 새롭게 탄생된 것이다.

03-1
Suntory Museum of Art
산토리미술관

Kengo Kuma

전체 면적은 약 10만 2000m²이며, 동경에서 가장 높은 54층의 타워 등 총 6개 존으로 나누어 디자인되었다. 특히 전체면적의 40%나 되는 크기에 히노키쵸공원을 끼고 일본 전통정원을 녹여 만든 '미드타운 가든', 기업, 학교, 디자이너의 교류의 공간인 '디자인허브' 등이 특별한 공간으로 자리 잡고 있다.

일본의 전통 회화, 공예, 도자기, 유리 등 생활 속에 드러나는 아름다움을 발견하여 특별한 기획전시를 여는 미술관이다. **'미래를 묶고 미래를 연다'** 라는 전시의 목표는 전통을 추구하지만 항상 국제적인, 미래적인 것을 지향하고 있음을 시사하고 있다.

[미드타운 광장 MIDTOWN SQUARE]

03-2
Muji
무지
Super Potato

중저가의 특화된 디자인 상품을 지향하는 생활브랜드 숍이다. 스키모토의 **친자연**적인 디자인 컨셉이 이 공간에서도 잘 드러난다.

03-3
Toraya
Hiroshi Naito Architect & Asscociates

100년 전통의 일본 양갱을 판매하는 공간이다. 정사각의 기하학적 흰 블록사이로 **초생 달**과 **시**詩가 테이블위에 떠있다. 양갱을 한 입 물고 사람들이 수많은 생각과 상념에 빠져드는 모습이 저절로 그려진다.

03-4
Lucien Pellat-Finet
Kengo Kuma

어떤 특정한 형태에 얽매이지 않는 자유분방한 형태로써의 **비정형**은, 정형화되고 획일화된 모더니즘의 억압에서 탈출하고자 하는 변화라고 할 수 있다. 구체성을 갖지 않는 의미의 공간으로써 패션매장의 이미지를 나타내고 있다.

03-5
21_ 21 Design Sight
Ando Tadao

"건물의 명칭이 왜 21인가?" 에 대한 궁금증이 생긴다. 21은 완벽한 시력 2.0이라는 20에 좀 더 완벽한 의미를 표현하기 위해 +1을 더한 21.즉 21에서 21까지의 디자인사이트가 그 목표이다. 이 공간은 다양한 디자인의 시각과 아이디어를 공유할 수 있는 공간의 탄생을 위해 만들어 졌으며, 세계적 패션디자이너 **잇세이 미야케**Issey Miyake가 중심이 되고 또 다른 디자이너 사토 타쿠, 후카자와 나오토 등 3인의 디렉터가 미래를 내다보는 새로운 시각을 찾아 실험적 전시기획이 이루어진다.

04
Roppongi Hills
롯본기 힐즈

KPF
The Jerde Partnership
Cornan & Partners
Fumihiko Maki

전체 부지면적은 84,801m² 이며, 복합문화도시라는 개념으로 전체건물을 크게 5개의 존으로 나누었는데, 54층의 Mori Tower, Grand Hyatt Tokyo, Keyakiza Complex, Resdence, Thunk Zone이 있다.

1986년 도시재개발유도지구로 지정된 후 1990년 약 400명의 조합원이 재개발조합을 설립하여 2003년 완공된 도시재개발의 성공작으로 세계의 주목을 받았다.
롯본기 힐즈의 탄생을 위해 일본의 작가 무라카미 다카시에 의뢰해 외계별의 우주선이 지구에 불시착하여 귀여운 6명의 외계인이 새로운 문화와 정보를 갖고 지구 곳곳에 흩어져 지구인을 즐겁게 해준다는 스토리가 만들어졌다.

롯본기 광장
ROPPONGI SQUARE

가진者 비운者

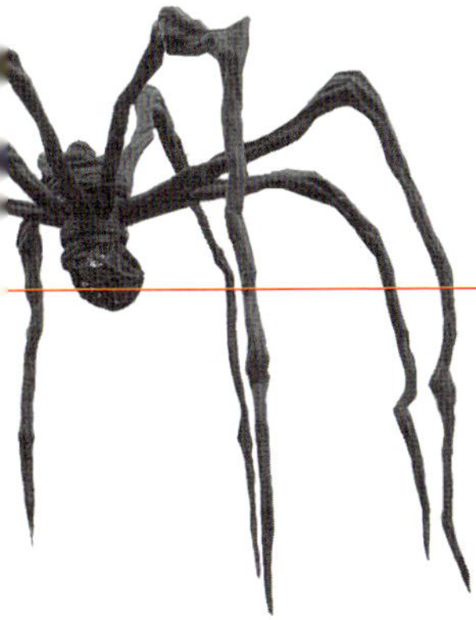

Louise Bourgeois
작가의 어렸을 때 남몰래 훔쳐보는 경험의 세계를 작품으로 승화시켰다. 거미처럼 어떤 물리적 공간의 틀에서 언제나 자유롭고자하는 인간의 꿈인지도 모른다.

04-1
Roppongi J

록웰그룹

퓨전 음식점의 이미지가 입구 LED로 된 디지털 대나무 디자인으로 표현되어 공간전체가 과거와 미래, 동양과 서양이 함께 혼합된 이미지로 나타난다.

04-2
Virgin Toho Cinemas

R & K **리차드 리**

9개의 스크린을 가진 시네마콤플렉스로, 외계별의 **우주선**이 착륙하여 에스컬레이터를 통해 사람들이 이 우주선의 내부에 들어가는 공간 이미지로 많은 주목을 받았다. 2004년 도쿄국제영화제 메인공간으로 사용될 만큼 음향과 인테리어디자인이 뛰어나다.

04-3
Grand Hyatt Tokyo _ Chaple

Skimoto Dakashi

일본의 교회는 그 용도가 예식장으로 그 목적이 다른 곳이 많다. 높이 16m 천장에서 쏟아지는 자연광과 조명이 순결한 나무원목에 반사되어 빛의 숭고함을 잘 나타내고 있다. 슈퍼포테이토의 스키모토Skimoto의 자연친화적 디자인철학이 그대로 나타난 작품이다.

04-4
Residence

Cornan & Partners

붉은 색의 고층 아파트는 동경에서도 유명연예인이나 작가들이 사는 가장 비싼 곳으로 유명하다. 우리의 일상적 생활에서 디자인을 창조하는 영국의 콘란사가 디자인하였다.

05
TV Asahi
아사히 텔레비젼

Fumihiko Maki

미술관 같은 방송국이 더 맞을 것 같은 문화중심의 공간이다. 방송의 개방성과 정보를 공간에 접목하여 누구나 방영중인 작품을 관람할 수 있으며, 각종 이벤트와 전시를 즐길 수 있다. 방송이라는 매체와 공간의 개방성은 바로 인접해 있는 야외 아레나와 연결되어 언제든 다양한 행사를 공유할 수 있다.

06
Louis Vuitton Roppongi Hills
루이뷔통 롯본기 힐즈

Jun Aoki

3만 여개의 특별한 유리구조물을 이용하여 가로 36m ×세로 13m의 유리에 디자인된 환상적 전면디자인이 이곳을 바라보는 사람들에게 환상을 심어주고 있다. 마치 꿈속으로 빨려 들어가는 듯 하기도 하고, 초점이 맞지 않는 희미한 비물질의 세계에 있는 듯 한 분위기는 작가가 루이뷔통디자인에 즐겨 사용하는 방법이다. 내부디자인은 역시 네모난 트렁크를 쌓는 오리지널리티가 반영되어있다.

07
Boutique Y'S
Ron Arad

영국의 RCA 교수이기도한 작가는 노출된 3개의 기둥을 입체주차장의 턴테이블에서 그 이미지를 얻어와 회전하는 디스플레이 행거로 디자인하였다. 따라서 시각적으로 부정적이던 기둥은 사라지고 회전하는 디스플레이대가 거꾸로 사람들의 시각을 끌어드리는 역발상으로 디자인을 완성했다. 움직임의 비정형적 공간.

PUBLIC ART

Ron Arad

24개의 청동관은 끝없는 순환과 반복에 과정을 상징하듯 만들어졌다. 식물은 시간이 지날수록 영원히 재생하는 에너지를 표현하듯 벤치를 덮어버릴 것이다.

최정화

사쿠라자카 공원의 여기저기에 어린이 로봇이 출현한다. 44체의 로봇으로 구성된 타워는 야간에 눈을 밝혀 빛난다.

Uchida Shigeru

재즈의 명곡을 타이틀로 디자인된 벤치이다. 중력이 제거된 비정형의 발상으로 마치 애벌레가 움직이는 모습이 재미있다.

Toyo Ito

도시의 "숲"에 떠 있는 큰 수면이며, 그 위에 펼쳐지는 [파문]을 이미지한 벤치

Miyajima Tokujinto

유리 스크린에 떠오르는 디지털 숫자가, 사람들의 이미지네이션Imagination을 불러일으킨다.

Yoshioka Tokujin

물 속에 유리 파편을 넣었을 때, 그 윤곽이 조금씩 조금씩 사라져 가듯이, 비가 오는 날에는 마치 그 모습이 사라지는 것처럼 보인다.

타스코 제팬
Tasco Japa
Kabuki-
Nishi-shinjuku
겐사이-이치효
Gensai-Ichijyo
Shinjuku-nishiguchi
Seibu Shinjuku
Shinjuk
Prince
Star Hotel Tokyo
Nornura bldg
Tokyo Hilton Hotel
Odakyu Harc
Seiji Togo Art Museum
Hotel Century Hyatt
Keio Dept
신주쿠 엘 타워
Shinjuku L Tower
신주쿠 수미토모 빌딩
Shinjuku Sumitomo Building
Tochomae
5 도쿄 도청사
TOKYO CITY HALL COMPLEX
JR Shinjuku
Keio Plaza Hotel
니시 신주쿠 포래스트 빌딩
Nishi Shinjuku Forest Building
Shinjuku
KDD Buiding
신주쿠 마이시티
SHINJUKU MY CITY
hinjuku Central park.
워싱턴 호텔, 도쿄
Washington Hotel, Tokyo
4 신주쿠 파크타워
Shinjuku ParkTower
Bunka Women's Univ.
Yoyogi
2 신주쿠 NS 빌딩
Shinjuku NS Buiding
다이-도쿄 파이어 & 해상보험 신주쿠 빌딩
Dai-Tokyo Fire & Marine Insurance Shinjuku Building
3 오페라시티 Opera city

4 Tokyo

SHINJUKU
신주꾸

여행은 걷기입니다.

자동차와 같이 빠른 속도로 지나치는 풍경은 눈으로는 볼 수 있으나 마음에는 담을 수는 없습니다. 한 걸음 한 걸음 지나가는 사람들의 표정을 읽을 수 있는 속도라면 좋은 것 같습니다.
자신의 생각으로 좋은 풍경이 눈에 보이는 곳이라면 주저 없이 종이와 펜을 꺼내 그리고 기록해 보십시오.
세상의 온갖 시름이 잊혀지고 행복해집니다.

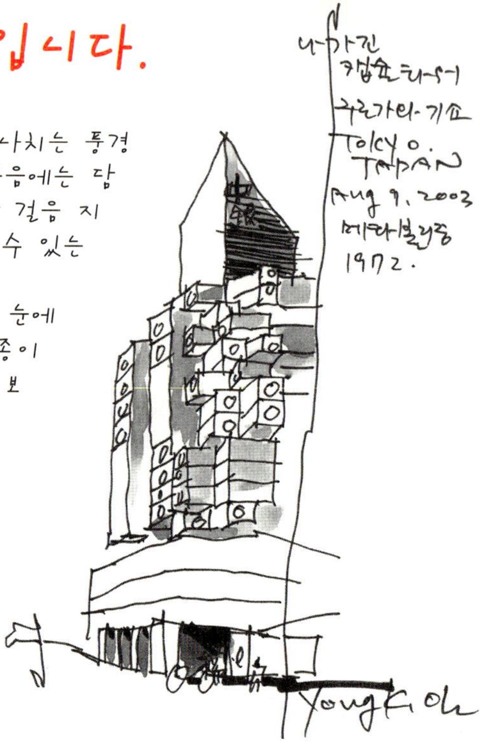

잠시 지금에 서 있는 위치에서 오른쪽이나 왼쪽으로 조금만 회전하면서 보십시오. 전혀 다른 풍광이 보일 것입니다.
몸을 땅과 가까이에 접근시켜 세상을 한번 바라다보십시오. 아니면 계단이나 언덕에 올라서 아까 본 풍광을 다시 바라다보십시오. 같은 목표라고 보는 위치와 각도에 따라 전혀 다른 세상을 볼 수 있습니다.

일본 사무실의 아침 출근 풍경은 언제나 변함없는 일상이다.

발로 기록하고 마음으로 보기

고개를 들어 하늘을 보면 새와 바람이 보이고, 대지를 바라다 보면 새싹이 피어나고 작은 풀벌레가 기어 다니는 모습에서 마치 내가 조물주가 되어 세상을 바라보는 듯합니다.

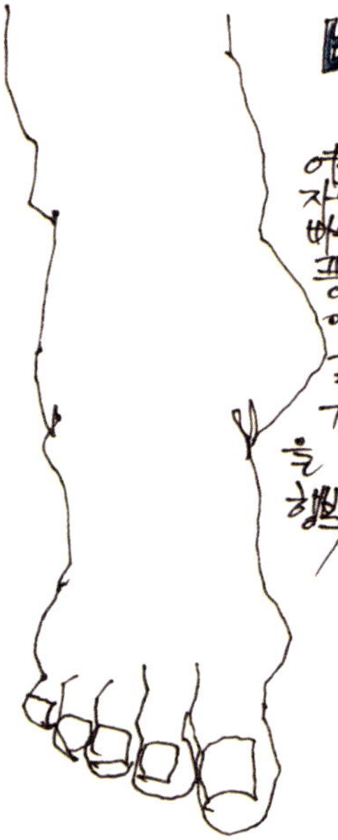

발 Foot

여행은 걷기이다. 자동차와 비행기처럼 빠른 속도로 지나가는 풍경은 진정한 풍경이 아니다. 한걸음한걸음 거닐면서 지나가는 사람들의 표정을 읽는 속도라면 나는 행복하다.

몸과 마음

피카소가 어느 날 자신의 연인 마리 테레즈 발터를 그리게 됐는데, 모델은 뜨개질을 하고 있으나 피카소는 캔버스에 그녀를 그리고 있는 자신의 모습을 그렸다고 합니다. 왜 피카소는 대상을 그리지 않고 자신의 모습을 그렸을까요?
피카소는 모델 자신보다 그녀가 있는 공간을 관심 있게 보았으며, 그녀가 뜨개질을 할 때 그녀의 손과 몸의 움직임이 공간에서 어떻게 연속적으로 움직이는가를 궤적으로 표현했다고 합니다. 피카소가 캔버스에 추상적인 직선과 곡선으로 그린 것은 그녀의 실재모습이 아니라 마음에 생각을 그린 것입니다.

"당신들은 보고 있지만 보고 있는 게 아니다. 그저 보지만 말고 생각하라! 표면적인 것 배후에 숨어있는 놀라운 속성을 찾으라! 눈이 아니고 마음으로 보라!" -피카소-

01
Shinjuku My City
신주꾸 마이시티

Super Potato

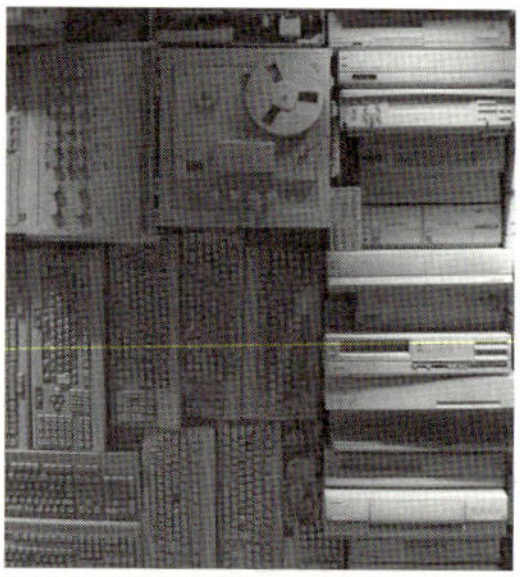

'거리를 거닐다' 라는 디자인주제가 7층과 8층 전체를 먹고 소통하는 매력 있는 공간으로 만들었다. 7층 공용통로는 **'도시의 기억'** 을 주제로 과거 우리생활에서 사용되던 목재, 아크릴, 금속, 병, 가전제품, 전선, 기계 등의 폐품을 벽 조각처럼 만들어 지나는 사람들에게 아련한 기억을 떠오르게 한다. 각 점포에는 경계를 최소화하여 모든 주방이 밖에서 보일 수 있도록 '쇼키친' 화 하였다. 8층은 특히 돌과 벽돌을 통해 자연주의를 강조하고 있으며, 조명디자인을 통한 런치타임, 티타임, 디너 & 바 타임의 3단계 변화된 연출로 빛의 효과를 극대화하고 있다.

02
Shinjuku NS Building
신주꾸 NS빌딩

Nikken Sekkei

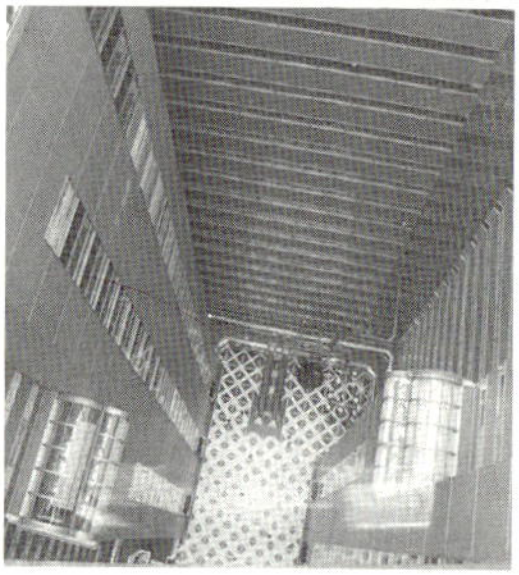

건물내부가 비어있어 천정으로부터 쏟아지는 햇빛이 실내로 유입되는 장관을 이룬다. 이 사이로 110m 높이에 '스카이 브릿지' 가 있고, 내부에는 세계에서 가장 큰 29m 높이의 시계가 걸려있다.

03
Opera City
오페라 시티

아나기사와 다카이코

오페라시티는 문화시설을 사람들과 근접할 수 있도록 하고자 하는 이념이 잘 표현된 작품으로 트랜드가 되고 있다. 전체 공간구성은 예술문화공간, 상업공간, 업무공간을 유기적으로 연계시켰는데, 특히 1,800석의 오페라, 발레전용극장, 1038석의 뮤지컬, 연극전용극장 13개의 영화관, 갤러리 뿐 만 아니라 이곳에 우체국, 은행, 사진관, 서점과 같은 일상생활에서 늘 필요한 공간이 문화공간과 조화되어 항상 사람들로 하여금 가까이 접할 수 있도록 디자인하였다.

04
Shinjuku Park Tower
신주꾸 파크타워
Kenzo Tange

도쿄 도청사 바로 옆 3개의 삼각형 옥탑을 가진 초고층 건물이 눈에 들어온다. 235m 높이와 52층으로 된 전혀 호텔이 들어설 것 같지 않은 건물에 39-52층까지 '하이얏트 도쿄호텔'이 들어와 있다. 다행히 3층에서 8층까지는 '오존' '콘난'과 같은 유명한 디자인 관련 공간들이 들어와 있는 것이 그나마 도심 속의 오아시스라고 할 수 있다.

04-1
Conran Shop
콘란 샵
Terence Conran

롯본기의 레지던스를 디자인한 영국의 콘란사가 일본 동경에 처음으로 문을 열었다. 내부는 일상생활을 주제로 정원, 파티, 여행 등과 같은 시나리오로 내부를 독특하게 인테리어하고 디스플레이한 독창성으로 유명하다.

05
Tokyo City Hall Complex
도쿄 도청사

Kenzo Tange

미래도시를 형상화한 건축물들은 공통적으로 고층화에 대한 열망을 갖고 있다. 아마 건축가의 머릿속에서도 동경을 초근대적인 도시로 만들기 위해 1990년 일본 경기가 가장 거품에 있을 때, 마루노우치에 있던 도 청사를 신주꾸로 옮기면서 243m, 48층의 초고층 도청사를 짓고 세계적 도시를 꿈꾸었는지도 모른다. 그러나 왠지 초고층은 지배계급이, 저층이나 지하는 피지배계급이라는 수직적 위화감이 엄습해 오는 것 같다.

Otemachi
Shin Marunouchi Bldg
Tokyo
JT Tokyo
Marunouchi Bldg
Nijobashimae
MARUNOUCHI regeneration Project
Meiji Mutual Life Insurance Building
에르메스
HERMES BOUTIQUE MARUNOUCHI 16
센 루이스 & 푸이포켓
SAINT LOUIS MARUNOUCHI & PUIFORCAT MARUNOUCHI 17
Yaesu Book Center
2 도쿄 국제포름
TOKYO INTERNATIONAL FORUM
Kyobashi
Hibiya
Yurakucho
JR Yurakucho
Hibiya Park Police Box
Hibiya
Hibiya
Ginza Theater Building
Ginzaitchome
Yurakucho Mullion
Nissei Theater
3 미키모토 긴자
MIKIMOTO GINZA 2
Hibiya Park
4 디올 긴자
DIOR GINZA
Impreial Hotel
소니 빌딩
SONY BUILDING 6
8 루이뷔통 긴자 마쓰야
LOUIS VUITTON GINZA MATSUYA
메종 에르메스
MAISON HERMES 7
Ginza
5 구찌 긴자
GUCCI GINZA
NICOLAS G.HAYEK CENTER 9
Fujii Residence
10 랑방
LANVIN Boutique
Higashi-ginza
Uchisaiwaicho
Head office of the Dai ichi Kangyo Bank
Cabaret
Kabuki Theater
스와로브스키 긴자
SWAROVSKI GINZA 11
1 루이뷔통 긴자 나미키
Louis vuitton Ginza Matsuya
Magazine House
Sanshi Building
13 시즈오카 신문& 방송센터
SHIZUOKA PRESS & BROADCASTING CENTER
12 시세이도 긴자
SHISHEIDO BUILDING GINZA
JR Shinbashi
Shinbashi
15 나가긴 캡슐타워
NAKAGIN CAPSULE TOWER
Office Machine 1985
14 카레타 시오도메
CARETTA SHIODOME
Tsukiishijo
Dentsu Tower

5

Tokyo

GINZA & MARUNOUCHI
긴자 & 마루노우찌

01
Louis Vuitton Ginza Namiki
루이뷔통 긴자 나미키

Jun Aoki

멀리서 보면 마치 백색의 보석상자를 쌓아놓은 듯 한 연상을 들게 한다. 외벽은 유리섬유강화시멘트Glass Fiber Reinforced Cement로 만든 패널에 백색의 인도산 알라바스터를 박아 빛과 LED조명이 통과하게 하여 신비스런 체험을 방문자에게 선물한다.

포름 광장

FORUM SQUARE

국제포름광장에서는 가끔 벼룩시장과 같은 평범한 사람들의 따뜻한 채취를 느낄 수 있는 장터가 열린다.
도시 속의 오아시스...

02

Tokyo International Forum

도쿄 국제포럼

Rafael Vinoly

시각적으로 유리지붕에서 들어오는 빛을 따라 들어서면 **유기적**으로 마치 커다란 고래의 내장에 서있는 듯한 착각에 빠진다. 60m 높이의 유리아트리움, 그 사이를 연결하는 3개의 브릿지와 수 많은 사람들의 통행과 머무름을 제공하는 넓은 광장, 이것을 중심으로 4개의 크기가 다른 복합문화공간들이 조화있게 배치되어있다. 홀A는 다목적공연 공간, 홀B는 3000명이상을 수용하는 전시공간, 홀 C는 1500석의 극장, 홀 D는 600개의 좌석을 가진 실험연극, 회의실용 공간이다. 아트리움 밖에서는 가끔 일상생활에서 볼 수 있는 주말장터, 작은 공연 등이 열리는 오픈광장이 있다.

03
Mikimoto Ginza 2
미키모토 긴자
Toyo Ito

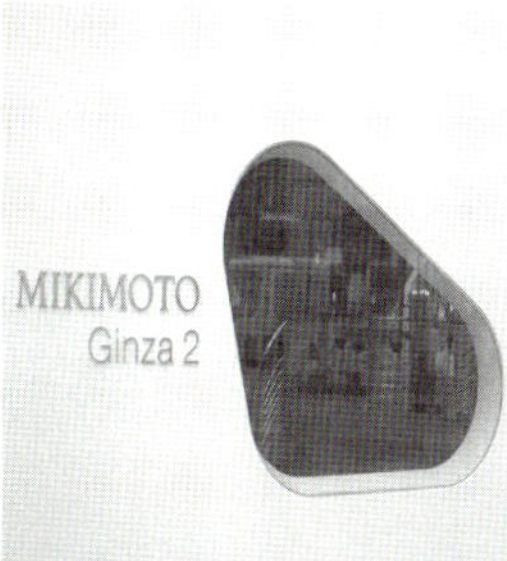

분홍색의 다소 쓰기 어려운 색으로 외벽을 마감하고 불규칙한 외부창이 건물의 독창성을 나타내고 있다. 건축가 도요 이토Toyo Ito의 **유기적** 건축컨셉이 도시적 이미지와 브랜드의 이미지를 융합적으로 표현하고 있다. 내부는 나선형으로 된 계단을 따라 모든 층이 오픈되어 있어 오르내리면서 전 매장을 시각적으로 음미해 볼 수 있다.

04
Dior Ginza
디올 긴자
Office of Kumiko Inui

긴자거리에 낯설지 않은 같은 **기하학적** 기호로 대변되는 크리스찬 디올 건물이 들어섰다. 탄생 100주년을 기념으로 지어진 지상6층 지하1층, 연면적 1500m²의 긴자점은 언제나처럼 백색의 외부펀칭메탈외벽과 2중 켜로 만들어지는 내부의 벽에 그려진 물방울이 서로 중첩되어 신비로움을 만들고 있다. 내부공간과 오브제, 기하학적 외피의 착시현상은 새로운 기호적 표현이다.

긴자 광장
GINZA SQUARE

"사치와 평온"

05
Gucci Ginza
구찌 긴자
James Carpenter Design

06
Sony Building
소니 빌딩
Yoshinobu Ashihara

겹겹의 유리가 다층으로 싸여있다. 구찌의 세계 최대 크기의 긴자점은 투명성을 강조한 유리타워의 이미지가 강조되었다. 인테리어디자인은 스튜디오 **소필드** Studio Sofield가 하였으며, 쇼죠 토요히사Shozo Toyohisa의 조명이 매장의 분위기를 환상 속으로 빠져들게 한다.

건물전면에 마치 추상화 같은 그림이 눈에 들어온다. 40여 년 전에 만들어진 건물이지만 지금도 소니그룹의 신제품을 대중들에게 가까이 홍보하기 위해 지속적으로 유지하고 있다. 건축공간의 특징은 각 층이 4개 구역으로 나누어져 중앙의 나선형 계단식을 따라 이 전시공간이 연속적으로 전개되고 있다는 점이다. 전체 전시공간은 백색의 바탕에 푸른빛의 투명과 반투명의 투과체를 통해 연출되어졌으며, 원형계단을 오르내리며 각각의 구역별로 신제품을 직접 만지고 작동하는 경험과 체험을 중시하는 방법으로 꾸며졌다.

07
Maison Hermes
메종 에르메스
Renzo Piano

건축가 렌조피아노의 작품에는 언제나 기술의 진화와 건축의 재료, 구조, 환경, 그리고 인간을 느낄 수 있다. 이 작품에서도 2개의 분리된 유리블록 매스 한쪽에 계단을 배치시켜, 계단을 오르내리는 사람들의 실루엣을 통해 늘 살아 움직이는 생동감을 느낄 수 있다. 반대로 유리블럭 안쪽에서는 태양의 움직임과 그 방향을 끌어들여 내부공간에 있는 사람들에게 자연환경을 느낄 수 있도록 하였다. 그의 세계적 명성을 얻게 한 파리의 퐁피두 센터 POMPIDOU CENTRE를 완성한 후 그는 "건축은 즐거움을 주는 도심 속의 기계"라고 말할 정도로 건축의 테크놀로지에 많은 관심과 정성을 갖고 있다.

08
Louis Vuitton Ginza Matsuya
루이뷔통 긴자 마쓰야
Jun Aoki

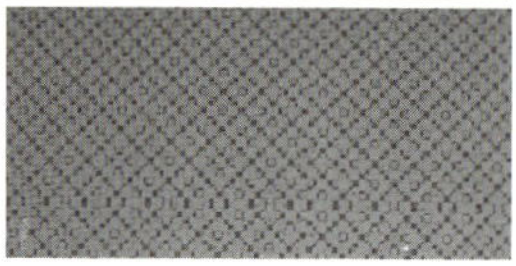

백화점 한쪽 모퉁이에 위치한 긴자의 또 다른 루이뷔통 매장을 건축가는 더블-스킨 월로 디자인컨셉을 표현하고 있다. 외벽은 15mm의 사각형 패턴을 라미네이트 유리에 반복으로 문양을 넣고 내부 레이어도 마찬가지로 반복으로 문양을 넣어 2개의 레이어를 통해 전혀 볼 수 없었던 신비로움을 디자인하고 있다.

09
Nicolas G. Hayek Center
Shigeru Ban

스와치그룹의 동경본부와 7개의 시계브틱이 있는 건물이다. 입구에서 오픈된 엘리베이터를 바로타고 매장으로 올라갈 수 있도록 설계되어 마치 시계 속을 들어가는 듯 한 느낌이 든다. 가변적 종이교회 설계로 유명한 건축가 시게루 반은 **움직이는 건물**에 대한 실험으로 이 건물을 설계하였으며, 혁신적인 구조시스템과 스위스 시계의 이미지 같은 정밀도로 공간을 완성하였다.

10
Lanvin Boutique
랑방

히로시 나카무라 & Nap Associates

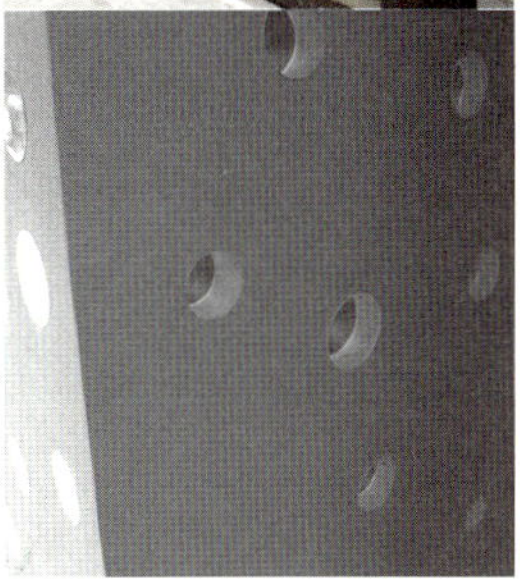

프랑스브랜드 랑방은 처음 자신의 딸을 위한 옷을 만드는데서 시작되었다. 디자이너는 50mm정도의 직경을 가진 무수한 구멍을 외부 검은색 철판에 뚫어, 외부에서 내부의 상품이 완전히 보이지 않게 하였다. 이는 외부에서 심리적으로 사람들이 내부에 대한 궁금증으로 인해 내부로 들어가고픈 생각을 하게 유도하며, 내부로 유도된 사람들로 하여금 공간에 대한 체험을 통해 상품의 의미를 전달하고자 하는 뜻이 담겨있다.

11
Swarovski Ginza
스와로브스키 긴자
Tokujin Yoshioka

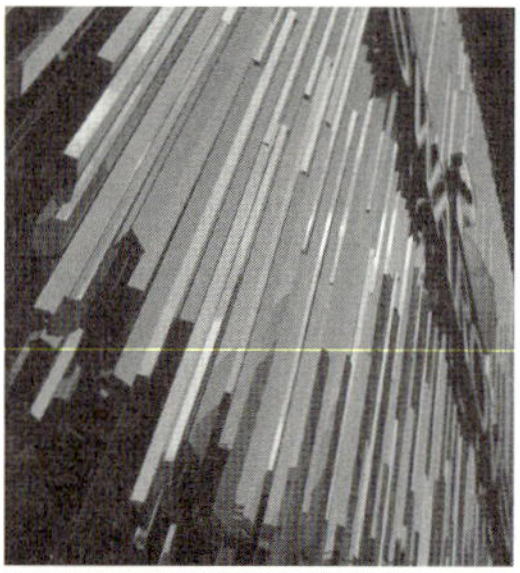

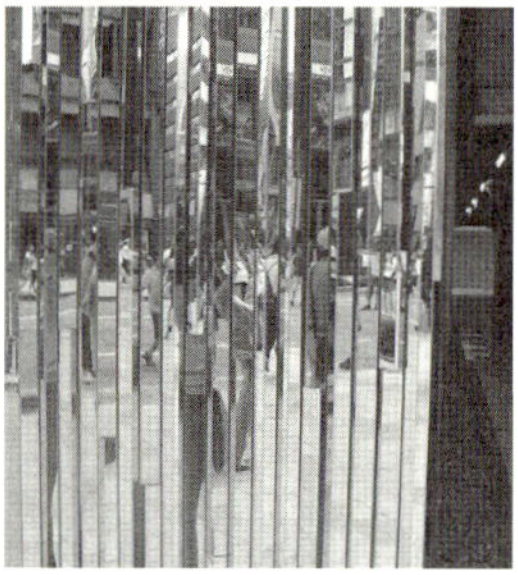

크리스털이 갖고 있는 빛의 **반사와 굴절**이 건물 외부에서 진입하는 사람에게 환상을 떠오르게 한다. 방문자가 수직으로 조각난 크리스털의 입구에서면 몸의 모습은 여러 조각으로 분절되어 주변 환경 속으로 쪼개져 나타난다. 내부의 1층과 2층으로 이어지는 전시공간과 매장모두 이런 반사와 굴절의 이미지가 이어져 있으며, 바닥에서 계단으로 그리고 벽으로 이어지는 공간 마다 수 만개의 크리스털이 뿌려져 있어 환상감을 증폭시키고 있다.

12
Shisheido Building Ginza
시세이도 긴자
Ricardo Bofill

스페인의 유명한 포스트모던의 건축가 리카르도 보필은 시세이도 브랜드가 갖고 있는 화장품이라는 이미지를 새빨간 돌로 표현하고 있다. 긴자의 어디에도 없는 재료의 사용, 과연 도시 맥락과 잘 조화되는가에 대한 의문으로 인해 많은 논란이 있었지만 지금도 긴자에서 가장 눈에 잘 띄는 랜드마크적 역할을 하고 있다.

13
Shizuoka Press & (Broadcasting Center)
Kenzo Tange

14
Caretta Shiodome
카레타 시오도메
Jean Nouvel

이 건축에는 건축가의 머리 속에 늘 내재 되있는 르 코르뷔지에와 메타볼리즘이 공존하며 살아있다. 건축은 모두 살아있는 **생명체**로서 살아 움직이며, 도시와 함께 호흡하고 그 수명을 함께한다. $189m^2$의 작은 삼각형 대지위에 189m 높이의 중앙에 원형으로 된 샤프트(이 안에 계단, 엘리베이터가 있다)를 깊게 꽂고 생명체와 같은 시즈오카 신문과 방송센터의 공간들이 법칙과 용도에 맞게 구성되어 매달려있다.

시오도메지역 재개발의 일환으로 건설된 상업공간이다. 절벽과 같은 입구를 지나면 둥근 알이 빠져나간 듯 한 높은 공간 위로 아름다운 햇빛이 실내로 들어온다. '카레타'라는 학술명의 거북이를 디자인 컨셉으로 하였는데, 'SLOW LIFE'를 상징하는 거북이가 상업적인 의미를 갖는 상징으로 여겨졌기 때문이다. 1층 광장에 있는 수증기를 내뿜는 거북이 모양의 분수 뿐 아니라, 보행자가 지나는 곳 곳 또는 보행이 마주치게 되는 지점에는 유명한 디자이너의 의자나 거북이 모양의 분수 등을 두어 찾는 사람들에게 즐거움을 준다.

15
Nakagin Capsule Tower
나가긴 캡슐타워

Kurokawa Kisho

1960년대 영국의 아키그램, 이탈리아의 슈퍼스튜디오와 같은 진보적 건축그룹들이 이론을 꿈 꿀 때, 기쇼 구로가와는 나가긴 캡슐타워를 직접설계하고 시공한 메타볼리즘으로 세상을 놀라게 하였다. 2개의 코어에 탈착이 가능한 입방체의 캡슐들이 요구에 따라 부착되는 모습은 건축이 더 이상 기계가 아닌 생명체로서 인식하게 되었다. 캡슐은 소형의 아파트 또는 스튜디오로서 개인들이 기거할 수 있게 설계되었으며, 내부에는 그 당시 생각하지도 못할 음성시스템, 전화, 가구, 가전제품들이 일체화 모듈화 되었다.

16
Hermes Boutique Marunouchi
에르메스
Rena Dumas Architecture

전통이 녹아있는 마루노우찌 옛날 거리의 풍경을 담아 디자이너는 노란색의 수평으로 된 목재를 서로 격층으로 연결해 현대화된 거리 이미지로 표현하고 있다.

17
Saint Louis Marunouchi & Puiforcat Marunouchi
센 루이스 & 푸이포켓
Rena Dumas Architecture

외부는 수평으로 된 유리면에 투명과 반투명으로 3등분한 중앙에 크리스탈을 디스플레이하였다. 내부는 크리스탈을 판매하는 공간답게 크리스탈의 정형화된 각도에서 나오는 빛의 반사와 굴절을 컨셉으로 디자인하였다.

바로 옆 레나두마가 역시 디자인한 푸이포켓은 수직으로 흰색, 회색, 검은색의 무채색으로 수직으로 3등분 한 후 중앙에 작은 쇼윈도를 통해 시선을 모은 후 내부로 사람을 끌어들인다.

뭉크, 마루노우찌를 가다

그림공부 한번 할까 합니다.

뭉크의 '절규'라는 그림을 보면 무언가 인간의 고뇌를 표현하는 모습을 볼 수 있습니다. 이 그림을 그렸던 시대가 제1차 세계대전이 끝나가는 시기라, 살아가는 것이 암울한 시대를 표현한 것이라고 할 수 있습니다.
두 손으로 귀를 가리고 있는 인간의 모습이 무언가 고통스럽고 힘든 모습이며, 더욱이 머리카락이 하나도 없는 얼굴에 입까지 크게 벌리고 소리를 지르고 있네요.
그림의 배경을 봅시다. 아주 환영적인 표현으로 원색의 붉은색과 파란색이 선의 흐름처럼 아주 거칠게 칠해져있어 극단적인 세계를 잘 표현하고 있지 않습니까?
이런 그림의 양식을 표현주의Expressionism라고 합니다. 이와 같은 양식의 그림은 인간의 내면세계와 형이상학적인 심리를 추상적으로 표현합니다.
따라서 표현주의는 고흐와 같은 후기 인상주의와 더 나아가 칸딘스키의 추상과 그 맥락이 이어진다고 볼 수 있습니다.

동경역 주변에 있는 마루노우찌 지역은 '제국극장'과 같은 과거 전통건축과 '신마루노우찌빌딩'과 같은 현대건축이 잘 조화되어 개발된 도시재생의 사례입니다. 현대화된 건물 속에 잘 보존되어 남아있는 전통건물이 마치 박물관에 온 기분이 들게 합니다.

만약 나와 뭉크가 마루노우찌를 같이 간다면 어떤 모습일까?

동경은 시대적 상황이 독일의 그때와는 전혀 다르겠지만, 아마 뭉크의 심리상태도 역시 복잡하고 혼돈스런 도시의 모습이나, 대중 속의 외로움, 경제적 압박, 소외되어가는 가족관계 등 는 불안하고 힘든 우리의 모습을 비슷하게 그리지 않았을까 상상해 봅니다.

나도 가끔 여행을 하면서 호텔 방에 혼자 버려둔 나 자신을 창문에 비추어진 환영에서 가끔 발견하곤 합니다. 그리고 가까이에 있었던 가족과 친구들의 소중함을 잘 몰랐던 것을 후회합니다.
이럴 때 정말 무드있는 사람은 그리운 사람을 생각하면서 작은 그림엽서에 편지를 쓰게 되지요. 물론 자신이 직접 그린 그림이 있는 엽서라면 환상적이 됩니다.

여행은 나를 보는 거울입니다.

지나친 완벽주의냐 아니면 자신에 대한 격려냐

과거 그리스 예술가들이 창조란 무엇인가? 라는 물음에 대해 모방이 창조(= 미메시스)라는 결론을 내렸다. 또 철학자 아리스토텔레스는 '미메시스'란 실재대상들과 닮은, 대상들의 창조라고 하였습니다.
본인 스스로 그려보고 글 쓴 일들이 완벽하길 기대한다면 아마 영원히 그런 날이 오지 않을 수도 있습니다.

예술가가 자격증시험에 합격해야 된다면 아마 피카소는 분명히 예술가 시험에서 보기 좋게 떨어졌을 거란 생각이 들며, 그 이유는 그는 모든 세상의 현상을 본인의 마음속에서 자신만의 생각으로 창조해왔기 때문입니다. 우리가 그리는 것은 모방입니다. 완벽한 모방은 완전하겠지만 전혀 예술성이 없겠지요. 차라리 초상화를 그린다면 모르겠지만...

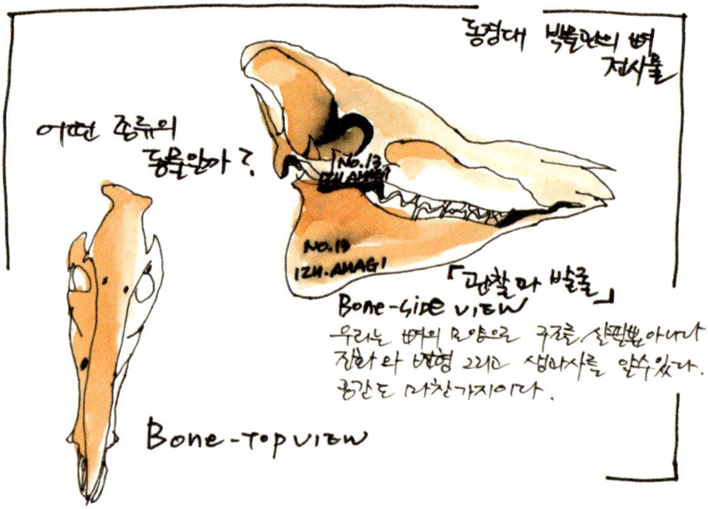

다시 도전하기-여행과 기록

이제 한번쯤은 자신의 몸과 마음이 이렇게 다르다는 것을 발견했을 것입니다. 어떤 사람은 내가 이렇게 표현하기 어렵구나 실망하는 분도 있을 것이고, 또 어떤 분은 내가 이렇게 잠재성을 갖고 있는가? 놀라는 사람들도 있을 거라 생각합니다.

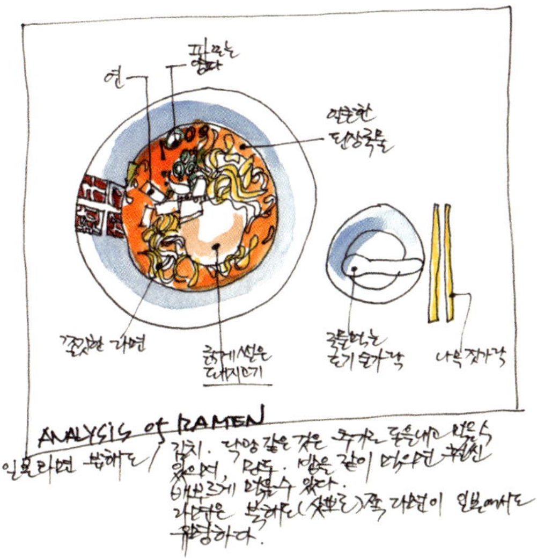

예술은 영원합니다.

연속성을 가지고 끊임없이 도전하는 사람은 본인에게 먼저 만족하고 나아가 세상을 보는 눈이 전혀 달라지고 있음을 알게 될 것입니다. 새로운 세계를 향해 여행을 준비하고 기록을 위한 종이와 펜을 다시 여행 가방에 넣읍시다.

나를 위한
나의 여행과 기록

Heisei Garden & Genshin-an
Okawabata River City 21
1 바람의 알 THE EGG OF WINDS
8 시오도메 카날 코트, 코단 3블럭 SHIODOME CANAL COURT, CODAN 3 BLOCK
Ort Toyosu
Yumenoshima Tropical Plant Dome
Harumo Grand Hotel
Ter Fruniture Museum
Mariners Court Hotel
Tokoy Sea Life Park
7 임해공원 전망센터 TOKYO KASAI RINKAI VIEW POINT VISITORS CENTER
kyo Harumi
ssenger Terminal
Ariake Tennis no mori Park
Panasonic Center
2 도쿄 빅 사이트 TOKYO BIG SIGHT
One the daybreak bay mall(원더 아리아케 베이몰)
3 도요다 자동차전시장 _ TOYOTA CITY SHOWCASE
4 파렛트 타운 _ PALETTE TOWN
5 후지텔레비전 빌딩 FUJI TELEVISION BUILDING
Wakasu Golf Link
hiokaze
ark
Telecom Center Bldg.
6 과학미래관 NATIONAL MUSEUM OF EMERGING SCIENCE AND INNOVATION
Akatsuki-futo Park

6 Tokyo

WATERFRONT
워터프런트

01
The Egg of Winds
바람의 알
Toyo Ito

'오카와바타 리버시티 21' 타운의 입구상징으로 세워진 조형물로, 길이가 16m 폭이 8m의 계란모양으로 된 구조물위를 타공알루미늄판넬로 씌워 마감되어 있다. 낮에는 햇빛이 알의 표면에 닿아 부서지는 모양으로 부드러운 감성을 담고 있다가 저녁에 해가 지면 알 내부에 5개의 대형프로젝션에서 리얼리티가 드러나는 3차원의 화면이 작동되어, TV방송, 정보, 이미지들을 방송하고 보여준다. 마치 우리 몸에 바람이 왔다가 스쳐 지나는 것처럼, 이미지가 알 속에서 왔다가 세상으로 흩어져나가는 의미를 보여준다. 요코하마의 '바람의 탑' 을 같이 생각하면 좋을 듯.

02
Tokyo Big Sight
도쿄 빅 사이트
Kenzo Tange

이집트 피라밋이 인간과 신이 소통하는 장이라면, 빅 사이트의 역 피라밋은 인간과 인간이 소통하는 장이라 할 수 있다. 4개의 커다란 피라밋을 거꾸로 모아놓은 형태의 대규모 전시장이다. 도쿄시내에서 동경만으로 레인보우 브릿지를 건너오거나, 유리카모메션이라는 모노레일로 바로 접근할 수 있다.

03
Toyota City Showcase
도요다 자동차전시장

차를 눈으로만 구경하는 것이 아니라 **촉각, 후각, 시각, 청각**으로 체험하는 장으로 기획되었다. 그 한 예로 'RIDE ONE' 이라는 시승코너에 컨베어로 움직이는 60여대의 작은 차를 직접 타고 운전해 보게 함으로서, 기업의 이미지와 브랜드를 알리는 광고효과를 얻고 있다.

04
Palette Town
파렛트 타운

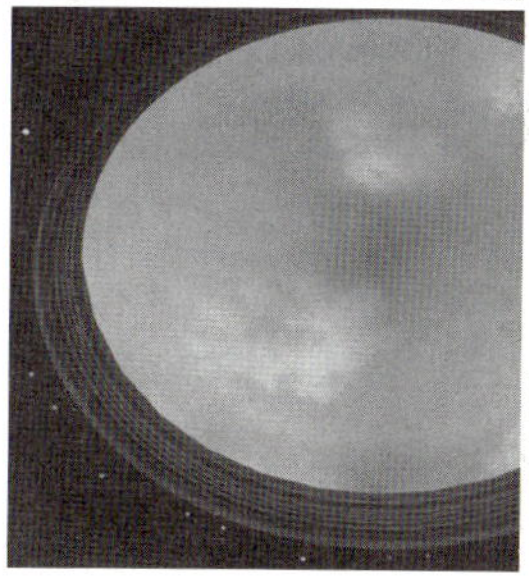

디자인의 개성과 인테리어에 관련된 공간인 "SUN WALK"와 중세유럽의 이미지와 라스베가스의 '시저스 팔레스'를 섞어서 만든 "VENUS FORT"가 있다. 방문객들은 공간속에 만들어진 또 다른 공간인 중세유럽의 거리를 거닐면서 쇼핑, 식사, 휴식을 할 수 있다.

05
Fuji TV Building
후지텔레비젼 빌딩
Kenzo Tange

06
National Museum of Emerging Science and Innovation
과학미래관
Nikken Sekkei

일본 전통가옥의 **격자**를 연상시키는 거대한 그리드위에 유난히 번쩍거리는 구(GLOBE:용도는 구체전망대)가 박혀있는 독특한 매스의 건물이다. 건축가는 이곳에서 생활하는 사람들에게 공간에서 공간으로 이동하면서 늘 다리를 건너는 상상을 했을 것이며, 실제로 공간을 이동하면서 느끼는 풍경은 상상할 수 없을 만큼 재미있다. 내부에는 전망대, 시어터 몰, 전시장 등이 있다.

한척의 유리로 만든 배를 연상시키는 건물이 보인다. 미래과학을 체험하는 공간으로 일본에서 가장 규모가 크고 많은 콘텐츠를 갖고 있다. 1층에 들어서면 100만개의 LED로 만들어진 지구디스플레이가 시시각각 변하는 커다란 지구(GEO-COSMOS)의 모습을 표현해 우리의 눈을 황홀하게 한다. 모든 전시의 기본 개념은 과학을 문화로 접근하며, 또 **오감으로 체험**할 수 있도록 한다는 것이다. 바깥 면에 위치한 경사진 에스컬레이터를 따라 각 전시장을 자유롭게 이동할 수 있도록 계획되었다.

07
Tokyo Kasai Rinkai View Point Visitors Center
임해공원 전망센터

Yoshio Taniguchi

도쿄만 매립사업의 완성을 기념하기 위해, 폭 7m, 길이 75m, 높이 11m의 직육면체의 매스로 전망과 휴식 시설을 완성했다. 건축가 다니구찌의 간결하면서도 미니멀리즘을 추구하는 건축철학이 공원에 가볍게 자리 잡고 있다. 멀리 공원입구에서 건축 매스를 바라보면 하나의 유리박스가 하늘과 대지를 수평선처럼 양분하고 있는 것처럼 보인다. 좀 더 가까이 접근하면 중앙의 게이트로 저 멀리 동경 바다가 점차 확대되어 시야에 들어오며, 방문자는 우측의 완만한 계단을 오르면서 마치 하늘을 오르는 듯 한 교감에 빠져들게 된다. 2층에는 가세이의 역사와 자연을 보여주는 전시공간이 구름처럼 전개된다.

08
Shiodome Canal Court, Codan 3 Block
시오도메 카날 코트, 코단 3블럭
Kengo Kuma

시오도메 거리 풍경

바다를 매립한 시오도메지역을 끼고 구역별로 유명건축가들이 디자인에 참여하였다. 그 중에서 겐코 구마가 설계한 3블럭은 도로에서 건물의 1층을 관통하는 진입로를 따라 내부로 들어서면 저층부의 상가와 주민복지시설을 두고 상부에 주거공간을 배치한 아파트를 만날 수 있다. 수평적으로 강조된 흰색과 회색의 무채색과 시야를 확보하기 위해 부분적으로 보이드 된 공간이 대조를 이루어 다양한 리듬감을 주고 있다. 또한 바다를 향해 주민 들이 사용할 수 있도록 열려있는 오픈 광장은 주민들의 소통과 대화의 장소로서 의미를 담고 있다.

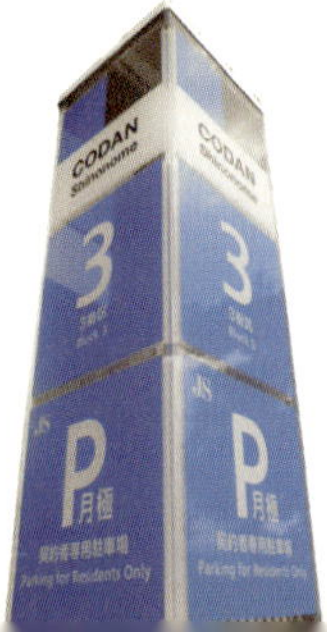

1 동경대학정보환경-후쿠다케 홀
INTERFACULTY INITIATIVE IN INFORMATION STUDIES
FUKUTAKE HALL
The Univ. of Tokyo(Agri)
The Univ. of Tokyo
2 블린
BOOLEAN
동경대의 공간실험_OPEN LAB
The Univ. of Tokyo(ENg)
Nezu
Ueno Park
Tokyo Nat'Univ
Of fine arts & Music
Tokyo Mefropolitan
Art Museum
국제어린이도서관
PALETTE TOWN THE INTERNATIONAL
LIBRARY OF CHILDREN'S LITERATURE 4
Ueno Royal
Museum
Tokyo Metropolitan
Festival-hall
3 국립서양미술관
NATIONAL MUSEUM OF WESTERN ART
Ueno
Ueno
National Science
Museum
JT Ueno
호류지보물 갤러리 5
TOKYO NATIONAL MUSEUM,
THE GALLERY OF HORYUJI TREASURES

7

Tokyo

UENO
우에노

01

Interfaculty Initiative in Information Studies Fukutake Hall

동경대학정보환경-후쿠다케 홀

Ando Tadao

동경대학의 정문을 들어서 왼쪽으로 돌아서면 가로를 따라 길게 연장된 13개의 **간(間)**으로 된 약 4,000m^2 규모의 대학정보환경 홀을 만날 수 있다. 지하2층 지상2층의 나지막한 건물의 규모가 아주 친근하게 다가온다. 건물과 가로 사이에 인체신장척도의 약 2배정도 되는 노출콘크리트 벽이 따라서 세워져있고 간간히 사람들의 시선을 따라 수평적으로 오픈되있어 지나는 사람들에게 재미와 흥미를 주고 있다. 간단한의 기념품점과 카페테리아가 함께 있다.

[우에노 광장
UENO SQUARE]

02
Boolean
블린
Torafu Architects

02-1
Open Laboratory
동경대의 공간실험

동경대학 안에 재미있는 실험공간이 있다. 인간 행태를 기호화하여, 대화, 독서, 회의, 휴식, 재미, 오락 등을 패턴화하였다. 디자인은 먼저 라미네이트판을 바닥과 평행하게 약 600mm 높이로 올려 설치하고 기호화된 원으로 떼어냈다. 물론 벽도 기존에서 약 100mm 정도 가깝게 설치한 후 같은 방법으로 원 패턴을 떼어나갔다. 사람들은 이곳에 걸터앉거나 서서 마음대로 인간, 공간과의 관계를 유지해 나갈 수 있다. 정해진 것은 아무것도 없다. 간단한 음료를 위한 주방이 오른쪽에 설치되어 있다.

03
National Museum of Western Art
국립서양미술관
Le Corbusier

이 미술관이 동경에 건축되게 한 동기는 파리에 거주하는 일본인 수집가 마추카타 씨에 의해서다. 그는 오랫동안 인상주의 미술품과 조각품을 많이 모으게 되었으나 1939년 전쟁 이후 모든 미술품이 전리품으로 프랑스에 귀속되었다. 그 후 수많은 협상 끝에 프랑스정부는 르 꼬르뷔지에 에게 미술관건축을 의뢰하는 조건으로 일본정부에게 작품을 넘겨주었고 르 꼬르뷔지에는 **"정사각형의 나선형 박물관"**을 스케치부터 완성까지 20년 이상 고심한 끝에 드디어 1957년 미술관을 완성하게 된다. 따라서 전시물은 야외공간에는 로댕의 생각하는 사람 등 조각품이, 1층은 로댕의 작품, 2층에는 르노아르, 드가, 반 고호 등의 작품이 전시되어 있다.

04
Palette Town the International Library of Children's Literature
국제어린이도서관
Ando Tadao

1906년 메이지시대 제국도서관으로 출발했으나 오랜 시대 전쟁과 지진과 같은 변화의 흐름을 견디지 못하고 건물이 노후화되고 이용자가 감소되어 점점 그 생명력을 잃어가는 건축물로 남게 되었다. 2002년 건축가 안도는 2개의 유리 상자를 건물에 관통시킴으로써 생명력을 불어넣었다. 첫 번째 유리 상자는 기존건물과 약 15도 각도로 배치되어 진입하는 사람들을 공간 속으로 유도하며, 두 번째 유리 상자는 기존 건물과 같은 방향으로 배치되어, 뒷면의 자연과 기존건물을 연결하는 매개체로 그 역할을 하게 된다. 옛것과 새것의 매개, 과거와 미래시간의 매개를 통한 재생이 이 프로젝트에서 가장 중요한 의미이며 가치라고 할 수 있다.

05
Tokyo National Museum, the Gallery of Horyuji Treasures
호류지보물 갤러리
Yoshio Taniguchi

일본 나라지방의 유명한 호류지사원이 약 300점이 넘는 보물을 기증함에 따라 이 건축이 계획되었다. 처음 방문자는 건축공간에 진입할 때 가장 먼저 수변공간에 비춰진 미니멀리즘한 건축매스가 물과 하늘에 투영되어 한 폭의 그림을 상상하지 않을 수 없게 된다. 또한 전시공간은 낮은 조명빛과 이로 인해 보물에서만 빛나는 금색의 화려함, 음향소리에 압도된다. 미국 뉴욕 MOMA의 재생프로젝트에도 참여했던 타니구찌는 일본 전통건축의 타이포를 원형으로 하여 미니멀리즘을 계승 발전시키는 건축가로 유명하다.

오영근

1954년 서울생, 한국
건축학 박사(감성공간디자인)
호서대학교 교수
(사)한국실내디자인학회 회장

Young Keun Oh

1954, born in SEOUL. KOREA
Ph.D.in Architecture(Emotional Space Design)
Professor, HOSEO UNIVERSITY
President, KOREAN INSTITUTE OF INTERIOR DESIGN

Exhibition

University of Washington, Seattle, USA(2000)
Gana Art Gallery, Seoul, Korea(2003)
Big Sight, Tokyo, Japan(2004)
Seoul Station Gallery, Seoul, Korea(2008)

Publication

Interior Design Drawing(1993)
History of Furniture(1999)
Human Dimension(2002)
Journey with Drawing(2003)
01-Oh! Sketch in Architecture America(2004)
02-Oh! Sketch in Architecture America(2005)

Works

Thinkthink Art Museum, Gongpyong Art Gallery

東京 TOKYO_SCAPE

글 • 그림(사진) 오영근
1판 발행 2009년 10월 24일 발행

발행인 김기현
발행처 시공문화사 *Spacetime*
등 록 1993년 3월 12일
주 소 서울시 서대문구 현저동 200 극동빌딩 5층
전 화 02) 3147-1212, 2323
전 송 02) 3147-2626
ISBN 978-89-5592-139-7 93540

http://www.spacetime.co.kr
spacetime@korea.com

정가 9,000원

Young Keun Oh

TOKYO

TOKYO SCAPE

93540
9 788955 921397
ISBN 89-5592-139-X